先輩に学ぶ

1歳児クラス編
乳児保育の困りごと解決BOOK

監修：横山洋子　著：波多野名奈

中央法規

監修のことば

　これまで、0歳児と身近な物を使って遊ぶ方法を考えたり、0・1・2歳児の発達をうながす手づくりおもちゃを開発したりしながら、乳児保育の楽しさ、おもしろさを感じました。そして、天使のような子どもたちに囲まれて、担任は幸せだろうなあと、うらやましさを覚えていました。

　ところが、初めて0・1・2歳児を担当する若い保育者のお悩みが多いことにびっくり！　どんな仕事でも、はじめからうまくいくことはありません。失敗しながら学び、経験を積んで技術を身に付け、保育名人になっていくのでしょう。

　本書は、お互いの困りごとを共有しながら、先輩からのアドバイスから学ぶスタイルで作られています。波多野さんも現場経験のある保育者ですから、それらのアドバイスをまとめながら、先輩として大切なことを教えてくださいます。

　本書を読むことで、困った局面を先輩たちがどのように乗り越えてきたかがわかり、その方法も1つではないことが伝わるでしょう。つまり、本の中で親身になってくれる100人以上の先輩方と出会えるわけです。

　みなさんが本書から、困りごとを解決するヒントを見つけ、子どもとの暮らしがより楽しくなることを、心から願っております。

横山洋子

はじめに

　初めて１歳児クラスを担当することが決まった瞬間、嬉しさと期待で胸がいっぱいになり、ちょっと遅れて、「私にできるかな」と、緊張と不安が襲ってくるという経験が、きっと皆さんにはあるでしょう。１歳の子どもと会話したこともないし、何を楽しんでもらえるのかもわからないという人もいれば、我が子の子育ての経験はあるけれど、自分のやり方で正しいのか自信がないという人もいるかもしれません。

　本書は、そんな皆さんの不安や心配に全力で応えようという思いで作りました。乳児クラスを担当して１、２年の保育士さんにお集まりいただき、不安や心配事を自由に語ってもらいました。また、アンケートでもたくさんお悩みを寄せていただきました。それに対して乳児保育の経験を積んだ先輩方からアドバイスを頂戴し、さらに問題解決のヒントになるポイントをまとめました。きっと、日々の保育の中で感じている「もやもや」を解消する手助けになるはずです。

本書に込めた思いは、もう一つあります。それは、「悩んだり不安に思ったりしているのは、あなただけではない」ということです。「そうそう、あるある！」「その気持ち、わかるなあ」と同じ思いを共有することで、全国の保育者が励まし合い、勇気づけられるような本を目指しました。保育に正解はありません。先輩のアドバイスを読んでも、自園の環境や保育理念の違いによって、取り入れられないこともあるでしょう。それでも、同じように皆悩みながら努力しているのだと感じることで、「私ももう少しやってみよう！」と力が出るのです。

　座談会、アンケートに協力してくださった皆様には、この場を借りて深く感謝申し上げます。皆様の率直で勇気ある発言なくして、この本は生まれませんでした。現場で日々、悩みながらも試行錯誤を続け、前向きに保育の喜びを語ってくださった皆様の顔が、執筆の励みになりました。

　現在1歳児クラスを担当している方、そして、これから担当される方たちの手元で、本書がお役に立つことを心から願っております。

波多野名奈

目　次

監修のことば ………………………………………………… 1
はじめに ……………………………………………………… 2
本書の構成 …………………………………………………… 8

序章　1歳児の発達と保育者の援助

1歳〜2歳後半の発達のめやす ……………………………… 10
1歳児クラスにおける保育者の援助 ………………………… 12

第1章　登園・降園

保護者から引きはがして受け入れて、大丈夫？ …………… 16
「○○先生がいい！」と泣きます …………………………… 18
朝の健康観察が、苦手です …………………………………… 20
お迎え前の時間、どう過ごせばいい？ ……………………… 22
解説 慣らし保育の進め方 …………………………………… 24
　　　 登園時タイプ別・受け入れ対応法 ………………… 25
　　　 降園がスムーズになる環境の工夫 ………………… 26

第2章　生活のケア

排泄

おまるに座るのをいやがります ……………………………… 28
トイレで遊んでしまいます …………………………………… 30
トイレトレーニング、いつから始めるか迷います ………… 32
解説 排泄における発達と援助 ……………………………… 34
　　　 明るく楽しいトイレの工夫 ………………………… 36
　　　 トイレトレーニングの進め方 ……………………… 37

食事

- 少食、食べ過ぎが心配です ……………………………………… 38
- 好き嫌い、どう克服していますか？ ……………………………… 40
- スプーンやフォーク、どう使う？ ………………………………… 42
- アレルギーがある子どもに、どんな配慮を？ …………………… 44
  - 解説 食事における発達と援助 …………………………………… 46
  - もりもり食べたくなる食事環境 ………………………… 48
  - スプーンの持ち方を伝える ……………………………… 49

睡眠

- 気持ちよく目覚めるにはどうすればいい？ ……………………… 50
- いつも眠そうです ……………………………………………………… 52
  - 解説 睡眠における発達と援助 …………………………………… 54
  - 質のよい睡眠のための工夫 ……………………………… 55

着脱

- 服や靴下を脱いでしまいます ……………………………………… 56
- 着替えをいやがります ……………………………………………… 58
- 保護者に着脱しやすい服を用意してほしい ……………………… 60
  - 解説 着脱における発達と援助 …………………………………… 62
  - 靴の脱ぎ履き　援助のポイント ………………………… 63
  - パンツ・ズボンの着脱　援助のポイント ……………… 64
  - 上着の着脱　援助のポイント …………………………… 65

散歩

- なかなか目的地までたどりつけません …………………………… 66
- 手をつなぐのを、いやがります …………………………………… 68
  - 解説 歩くことにおける発達と援助 ……………………………… 70

清潔

- 手洗いが水遊びになってしまいます ……………………………… 72
- うがいを楽しく教えるには ………………………………………… 74
  - 解説 清潔援助のポイント ………………………………………… 76

第3章 コミュニケーション

「ダメ！」としかっても、なかなか伝わりません …………… 78
何にでも「イヤ！」と言います …………… 80
言葉の発達の相談にはどう対応すれば？ …………… 82
言葉より先に手が出てしまいます …………… 84
解説 コミュニケーションにおける発達と援助 …………… 86
　　かみつきが起こったときの対応 …………… 88
　　かみつきを未然に防ぐポイント …………… 89
　　言葉の発達をうながす援助 …………… 90

第4章 遊び

初めてのクラスリーダー。うまく活動を進められませんでした … 92
同じ絵本を何度も読んでほしがります …………… 94
一人で遊んでいるときは、放っておいてもいいのでしょうか …… 96
水遊びを、いやがります …………… 98
遊びに集中できず、他の子どもの遊びを邪魔します …………… 100
おもちゃの扱いが、乱暴です …………… 102
転倒してけがをしないか、心配です …………… 104
解説 遊びにおける発達と援助 …………… 106
　　遊びに集中できる環境の工夫 …………… 108

第5章 季節と行事

新しい環境に慣れるようにしたい …………… 110
雨が続く時期の楽しみ方がわかりません …………… 112
水遊び、マンネリ化しています …………… 114
運動会や発表会。1歳児の演目に悩みます …………… 116
行事の進行が、不安です …………… 118
冬場の感染症の広がりを防ぐ方法が知りたいです …………… 120
節分の鬼に、泣き叫びます …………… 122
解説 1歳児クラスで楽しめる行事の活動 …………… 124

第6章 保護者との連携

- 経験が浅いからか、信頼されていないようです …… **126**
- 子ども同士のトラブル、どう伝えればいい？ …… **128**
- 連絡帳やおたよりを読みません …… **130**
- 保育以外のことをたずねる保護者。やめてもらうには？ …… **132**
- 対応が難しい要望にどう答える？ …… **134**
- 解説 個人面談の進め方 …… **136**

第7章 職場で

- 日誌や記録に書くことがありません …… **138**
- 事務仕事をする時間がとれません …… **140**
- 保育観の違いでぎくしゃくします …… **142**
- 子どもにきつい先輩がいます …… **144**
- 非常勤の保育者との役割分担や指示系統がよくわかりません …… **146**
- 解説 おたよりの書き方 …… **148**
  - 個別の指導計画の書き方 …… **149**
  - 上司・先輩とのコミュニケーションのコツ …… **150**

第8章 健康・安全

- 感染症を食い止めることができませんでした …… **152**
- 災害時の備蓄品、持ち出し品、これで大丈夫？ …… **154**
- 解説 1歳児クラスの災害対策 …… **156**
  - 1歳児クラスの災害、そのとき …… **157**

1歳児クラスを担当してよかった！ …… **158**

本書の構成

初めて1歳児クラスの担任になった保育者が困ったり、悩んだりする「保育現場の困りごと」をとりあげ、経験豊富な先輩保育者たちの実体験をもとにしたアドバイスを掲載しました。各章末や節ごとにある解説ページでは保育の基本として押さえておきたい内容を掲載しています。

先輩からのアドバイス
困りごとの解決につながるような先輩保育者たちの実体験、実践例を紹介しています。

NGな対応
保育現場でしてはいけない注意点を掲載しています。

Point
困りごとが起きる理由や適切な援助方法についてわかりやすく解説しています。

ある!! ある!!
他の保育者たちと悩みごとを共有できます。

月齢別の発達と援助
月齢ごとの発達の様子と援助方法がわかります。

ここをチェック!
これだけは実践したい項目をピックアップしています。

家庭との連携
家庭との連携のポイントを紹介しています。

序章
1歳児の発達と保育者の援助

1歳〜2歳後半の発達のめやす

1歳 ➡　　　1歳6か月 ➡

身体
- 腕を上げてバランスをとりながら、一人で歩く
- くぐる、またぐ、段を上る、降りるなどができる
- めくる、ひっぱる、つまむ、積む、並べる遊びを好む
- 腕を左右上下に動かしてなぐり描きをする
- 障害物をよけながら歩く
- 積み木を3個以上積む
- 手指の力がつき、描画や粘土、スナップやボタンのおもちゃを楽しむ

コミュニケーション
- ブーブー、マンマなどの一語文で話す
- 「イヤ」と言い始める
- 親しみのある対象物を指差して「わんわん」などと発声する
- 絵の中から聞かれたものを探し出し、指差しで答える
- 名前を呼ばれて返事をする
- 他児に関心をもつ
- かみつき・ひっかきが出る
- 二語文が出始める
- なんでも自分でやりたがる

生活
- 離乳食が完了し、幼児食へ移行する
- 午後睡1回になるが、午前睡を必要とする子どももいる
- コップを両手で持ち、一人で飲むようになる
- スプーンを使うが、難しいと手づかみで食べる
- 自分でズボンやパンツを脱ごうとする
- さまざまなサインで、排泄を知らせる
- 外出の際、上着や帽子を自分で取ってくる

2歳

- ブロックやパズルを組み合わせて遊ぶ
- 子ども同士で歩調を合わせ、手をつないで歩くことに慣れる
- 両足をそろえてジャンプする

- 並行遊びが盛んになる
- 自分のもの、自分の場所へのこだわりが出る
- 保育者に「みて」と言い、見守られながら遊ぶ
- おもちゃの取り合いなど他児とのトラブルが多くなる

- 上着やパンツを一人で脱ぐ
- スプーンとフォークを食べ物によって使い分ける
- 一人で最後まで食べる
- 遊びに夢中で漏らしてしまうことがある

2歳6か月

- 指先の力が強くなり、紙や粘土を変形させて遊ぶ
- リズムに合わせて体を動かすことを楽しむ
- 勢いよく走り、ぴたっと止まることができる

- お気に入りの友達のそばで遊ぶようになる
- 目の前にないもののイメージをもって遊ぶ
- 自分から挨拶をする
- 大人が仲立ちとなり、簡単なごっこ遊びを楽しむ
- 順番や交代の概念を理解する

- 身支度を自分でしようとする
- スプーンのえんぴつ握りが上手になる
- 手首を返しながら上手に食具を使って食べる

※それぞれの発達には個人差があります。

1歳児クラスにおける保育者の援助

🌱「じぶんで！」「じぶんの！」を実感する

　「危ないからやめよう」と言うとわざとやり、「おやつを食べよう」と言うと「たべない」と言う……。大人の言うことの反対をしようとする1、2歳児に振り回され、ほとほと困った経験のある保育者は、きっとたくさんいるでしょう。しかし、「イヤイヤ期」は大人からの独立宣言であることを思いかえしてください。大人に守られ、なんでもしてもらってきた昔の自分ではない、自分には自分の意志があり、それに従って行動するのだという誇り高い決意を私たちにつきつけるのが、「イヤイヤ期」です。

　1歳児クラスでは、そんな子どもの自我のふくらみを大切に育てましょう。「じぶんの！」のぶつかり合いはトラブルも生み、「じぶんで！」を見守るには時間もかかります。しかし、自分の意志や考えを尊重されることでしか、他者への思いやりの心は育ちません。自分でできるという自信をつけることでしか、新しい挑戦はできないのです。子ども一人ひとりが自分の思いを十分に認められたと実感できるよう、保育者はあたたかく、じっくりとかかわりましょう。

🌱 安心して遊びに浸る

　取り合いやぶつかり合いが毎日のように起こる1歳児クラス。子どもはトラブルを通して学んでいきますが、だからといってひっきりなしに自我をぶつけ合っていたらストレスがたまります。譲り合い、調整しながら友達と遊ぶことが意識せず自然にできるようになるまでは、一日の大部分は安心して遊びに没頭できる環境が必要です。

　一人のスペースを確保する、おもちゃの数を十分にそろえる、保育者と一対一の時間をつくるなど、0歳児クラスから引き続き安心感を大切にした保育を心がけましょう。安心感というベースの上にこそ、さまざまな発達が積み上げられるのです。

🌱 見通しをつけ、自分で動く　〜主体性を育む〜

　大人に言われてその通りに動く、というのは主体性ではありません。たとえ間違っていても、失敗するとわかっていても、自分で考えて行動することこそ主体性です。保育者の言うことをよく聞くまとまりのよいクラスは、1歳児クラスとしては問題ありです。バラバラでも、無秩序でも、子ども一人ひとりが各自の見通しをもって動いているか見極めましょう。

　主体性を育むためには、大人の声かけや援助の方法を見直す必要があります。言葉の発達を確かめながら、「お靴をはきましょう」ではなく、「お散歩に行きましょう」という言葉かけに少しずつ変えていってください。子どもは、「散歩に行くために何を準備すればいいか」と考え、ロッカーから上着を取ってくるようになるでしょう。

友達と響き合う経験

　少しずつ友達に関心が出てくる1歳児。友達のすること、言うことをまねしたり、別の遊びだけれど近くで遊んでみたりという微笑（ほほえ）ましい姿が見られます。保育者は、そんな子ども同士の気持ちを仲立ちする役割を果しましょう。子ども同士の共通点に目を留め、「いっしょだね」「おんなじだね」を共有すると、自然にお互いの気持ちが近づいていきます。

　2歳を過ぎると感情はさらに複雑になり、仲の良かった友達同士がぎくしゃく、ということも出てきます。そんな場合は、無理に仲を取り持たず、お互いの気持ちを丁寧に橋渡ししましょう。

自立と甘えの間で

　できることも増え、もう赤ちゃんじゃない！という誇りで胸をはる2歳児ですが、まだまだ思う通りにはいきません。頭の中では「できるはず」と思ったことが、現実には難しいと知ると、かんしゃくを起こしたり、気持ちが崩れたりということもよくあります。保育者は、「できた」という実感を大切に保育すると共に、できるようにとあせらせない援助をしていきましょう。

　「できなくても、失敗してもだいじょうぶ」と繰り返し伝えることは、「どんなあなたも大好きだよ」というメッセージになるのです。ときには「やって」に応（こた）えつつ、自立と甘えの間で揺れ動く子どもを、まるごと受け入れましょう。

第 1 章

登園・降園

保護者から引きはがして受け入れて、大丈夫？

保護者から離れるとき、のけぞって大暴れする子どもに、困っています。お母さんから引きはがすようにして抱っこで受け入れますが、それもかわいそうで胸が痛みます。どうやって保育室へ導いたらいいのでしょうか。

🐻 うまく抱っこができません
抱っこで受け入れようとしてもうまくできず、結局力ずくで引きはがしています。

🐻 保護者が、子どもと離れられません
子どもがあまりに泣くので、保護者も心配で立ち去りがたいようです。

🐻 押しつけるように預ける保護者
子どもが泣きやまないので、保育者に押しつけるようにして出ていく保護者。子どもがますます泣き、困りました。

先輩からのアドバイス

☑ 抱っこは保護者との距離を縮めて

抱っこで受け入れる際は、保護者と体の距離を適度に近づけます。保育者と保護者との距離が遠いと、子どもは保護者の体から離れたときに浮遊感による不安を感じます。「先生のところにおいで」などと声をかけてから抱っこしましょう。

☑ まず、目を合わせる

泣きわめいて顔をそらせる子ども。そんなときはぐるっと回りこんで顔を合わせ、笑顔で「おはよう」から。私がここにいると認識されてから、「ママとバイバイ、いやだよね」など、子どもの心に寄り添った言葉をかけます。自分の気持ちが理解されたとわかれば、子どもの気持ちも徐々に落ち着きます。

☑ ひと呼吸、おく

悲しい気持ちをおさめる時間は、子ども一人ひとりで違うものです。しがみついてわんわん泣くときは、背中にそっと手を当て、声をかけながら、少し時間をおきます。

「保育者がおろおろ」はNG

初めての集団生活、子どもにとっても、保護者にとっても不安でいっぱい。受け入れる側の自信のなさは、その不安を高めてしまいます。

Point　泣きたい気持ちに、じっくり共感する

　1歳児クラスでは、0歳児クラスよりも登園時の不安が大きい子どもが多いでしょう。保育園に来ることと、保護者と別れなければならないことを結びつけて理解できるようになった証拠です。保育者側は、子どもの不安な気持ちや泣きたい気持ちに寄り添い、共感する言葉をかけましょう。

　保護者にも、子どもとしっかり顔を見合わせ、「行ってきます」「夕方お迎えに来るよ」と声をかけてもらいましょう。保護者が別れを直視できないと、子どもの不安はさらに膨らんでしまいます。

「○○先生がいい！」と泣きます

担任の保育者の姿が朝見えないと、言うことをきかなくなるSちゃん。他のクラスの保育者が受け入れようとするのですが、「○○先生がいい！」と泣きました。その保育者がお休みのときは大変で、一日中ぐずぐずとご機嫌が直りません。

ある!! ある!!

🐻 **子どもが、なついてくれません**
複数担任なので、子どもによってなついている保育者、なついていない保育者がいます。信頼関係を築くのに時間がかかります。

🐻 **新しい保育者の抱っこをいやがります**
新しく0・1歳児クラスの担任になりましたが、私が抱くと大泣きするので、落ち込みます。

🐻 **非常勤の保育者のほうが好かれています**
人気のある、ベテランの非常勤の保育者。私は新人とはいえ常勤。複雑な思いです。

先輩からのアドバイス

☑ まずは、情報収集

担任の保育者に、その子どもが好きな遊びやおもちゃのことなどをたずねます。日常の中でその子どもが好きな遊びにとことんつきあうと、信頼関係が築けます。

☑ 初日に抱っこは、ハードル高し

初めて会った人に抱っこされるのは、子どももいやでしょう。初日はその子どもの視界にできるだけ入るようにし、2日目は散歩のときに手をつなぎ、3日目には食事を一緒になど、1週間くらいかけて徐々に慣れるようにします。

☑ 見通しを伝えて、一緒に待つ

「〇〇先生には、時計の長い針が一番上まで来たら会えるよ」など具体的に伝えて、子どもが見通しをもてるようにします。2歳も過ぎれば理解できます。

☑ ベテラン保育者から学ぶ

子どもに人気のある保育者を観察し、言葉かけの内容、声の調子、目線などどんなところが子どもの心をつかむのか盗みます。

Point 　第二の安全基地でよい

　特定の保育者を求めるのは、子どもにとってその人が園での安全基地だから。健全な心の発達です。「私は子どもに好かれていない」と落ち込むのではなく、第二の安全基地を目指しましょう。
　登園時にその保育者が不在ならば、「〇〇先生が来たら見せてあげよう」と声をかけながら一緒に遊んでみましょう。一日お休みならば、「〇〇先生にお手紙を書こう」と、お絵描きをしてもいいですね。その先生が大好きだという子どもの気持ちを丁寧に受け止めれば、きっとあなたにも心を開く日が来ますよ。

朝の健康観察が、苦手です

朝の受け入れはバタバタして、子どもの異変に気づくのが遅れます。散歩のときに、初めて熱があることに気づいた！ なんてことも……。

🐻 熱があるのに、黙って預けようとする保護者
仕事を休めないからと、子どもに熱があることを隠して預けようとする保護者がいます。

🐻 傷に気づけません
着替えの際、切り傷があることに気づいて、あせりました。

🐻 園で健康観察のやり方が決まっていません
園で決まったやり方があるわけではないので、いつも「これでいいのかな？」と不安です。

先輩からのアドバイス

☑ さりげなく、体にタッチ

朝の受け入れでハグをすることで体温を確かめます。抱っこで受け入れできたときは熱感の有無に気づきやすかったのですが、歩いて部屋に入るようになる1歳児クラスでは、受け入れ時に意識的に体に触れています。

☑ チェックリストを部屋に貼る

朝の健康観察のチェックリストを、保育室の受け入れ場所に貼っておきます。異常があったらすぐに書き込めるシートも準備します。ただし、個人情報なので外部や他の保護者の目に触れないように気をつけます。

☑ 傷チェックは、朝、最初の排泄時

登園後最初のおむつ替えのときに、洋服をめくって全身をチェックしています。気になる傷や跡があるときは、朝の時点で保護者に電話で連絡します。見逃すと、お迎えのときに「保育園で傷がついた」ということになるので。

「なんとなく受け入れ」はNG

公立ならば自治体のマニュアルがあるはず。私立で特に指示がないなら、市販のテキストを参照して、クラスで健康観察の方法について統一しておきましょう。

Point　二つの目をもつ

　朝、笑顔で保護者と会話をしながら、冷静に子どもの観察をしなければならない健康観察は、二つの目をもつ必要があり、ベテランといえども難しいものです。一朝一夕には身に付かないことを理解し、根気よく見る目を養っていきましょう。
　また、すぐに異変に気づくためには、「いつもの」子どもを丁寧に観察することが大切です。「いつもの」この子をよく知っているからこそ、「今日はちょっと違う」と気づくことができるのです。

お迎え前の時間、どう過ごせばいい？

夕方6時前後になると、子どもも疲れが出て、遊びも荒れ始めます。おなかもすいてイライラするのだと思います。友達もどんどん帰っていく中で、夕方はいつも、もやもやした時間になってしまいます。

🐻 一人が泣くと、つられて他の子どもも

残っている子どもが全員泣き出してしまいました。私一人で見ていたので、どうしていいか困りました。

🐻 テレビに頼っています

楽なので、結局テレビに頼ってしまいます。1歳児からテレビ漬けってどうかと思いますが、人手も不足しているし、仕方ないよねという雰囲気です。

🐻 退屈で走り回ります

退屈になった子どもが部屋の中をグルグル走り回って、水をかぶったように汗だくになったことがあります。結局、帰り際にみんな着替えさせました。

先輩からのアドバイス

☑ 好きな遊びに じっくり取り組む

ブロックや積み木で「みんなで一緒に遊ぼう」ではなく、一人ひとりが好きな遊びに取り組めるように環境を整えます。遊びの中でもシール貼りやマグネット遊び、お絵描きなど、手指を使った遊びだと、子どもも落ち着いて集中できます。

☑ 広い空間は、×

遊びに集中できず走り回るので、スペースを小分けにして落ち着いた空間をつくります。

☑ お迎えと遊びの場面を切り離す

遊びの場面とお迎えの場面を切り離し、他の子どもの保護者がお迎えに来ても、気持ちがそれないようにします。また、お迎えが来ても大きな声で「○○ちゃんのお迎えで〜す」などとは言わず、その子どもだけをそっと連れ出すようにしています。

「だらだら時間つぶし」はNG ×

お迎えの時間帯は確かにバタバタしています。忙しい時間帯だからこそ保育者同士で連携し、子どもが楽しく遊べているか見届けましょう。

Point 一日の終わりを、子どもにとっても豊かな時間に

　夕方の時間は、子どもも疲れ、遊びに集中できにくくなります。部屋を走り回ったり、ひっかきやかみつきが起こることも。

　とりあえず「遊ばせて」お迎えを待つのではなく、子どもにとっても意味のある時間にすることで、子どもの落ち着きや集中力を高めましょう。といっても、何か新奇な遊びを考えなければというわけではありません。その子どもが好きな遊びを、ゆったりと落ち着いた空間で楽しむことができれば十分です。また、子どもの視界にたくさんの情報が入らないよう工夫しましょう。

慣らし保育の進め方

1日目

保護者と子どもが一緒に、まずは2時間、園で過ごします。

2日目

保護者と一緒に半日、園で過ごします。食事や授乳は保護者に担当してもらいますが、保育者が必ずそばにつき、授乳のスタイルや食事の与え方、食べ方をメモします。

3日目

保護者と1時間ほど一緒に過ごした後、保護者だけ退出します。1、2時間で、迎えに来てもらいます。

4日目

保護者と登園をし、保育者が受け入れて、保護者は帰宅します。半日園で過ごします。

5日目

半日、あるいは一日園で過ごします。

　慣らし保育の目的は子どもと保護者が安心して園生活に入れるようにサポートすること。このスケジュールは理想形ですが、4月入園の場合、この通りには進まないこともあります。園の体制や保護者の就労状況に応じて柔軟に対応します。子どもの不安が強い場合は、ぬいぐるみやタオルなど、家庭で慣れ親しんで使っているものを持ち込んでもらうのも有効です。

登園時タイプ別・受け入れ対応法

❶ 別れるときに大泣き

子どもへ　「ママとバイバイ、いやだね」「悲しいね」「泣きたいね」と子どもの気持ちに共感、代弁します。

保護者へ　「大好きって伝えたくて涙が出ちゃうんです」などと子どもの気持ちを橋渡しし「いってらっしゃい」と明るく見送ります。

❷ 泣かないが不安が続く

子どもへ　「悲しいときは泣いてもいいんだよ」と伝え、「お仕事が終わったらお迎えに来るから大丈夫」と安心させます。

保護者へ　泣かないから平気と安心している保護者には、泣かなくても不安を抱いていることを丁寧に伝えます。

❸ 全く泣かず、すぐ遊ぶ

子どもへ　「いってらっしゃいしてから遊ぼう」と声をかけ、保護者としっかりお別れをさせます。

保護者へ　後で保護者の姿が見えないことに気づき不安にならないよう、別れを告げてから去るようにお願いします。

降園がスムーズになる環境の工夫

自分でお帰りの準備ができるよう、マーク付きのロッカーや上着掛け（フック）を出入り口付近に設置

走り回れるような広いスペースをつくらない

可動式の棚でスペースを多用途に使用

コーナーをつくり子どもが落ち着いて遊びに取り組める環境をつくる

夕方の疲れが出てきた子どものために、クッションや低いソファでくつろげるコーナーをつくる

　夕方は子どもの落ち着きがなくなる時間帯です。意識的にじっくり遊べるコーナーをつくりましょう。可動式の棚があると、日中は広いスペースをつくって大きな動きの活動も可能になりますし、スペースを区切って落ち着いた空間をつくることも簡単にできるので便利です。

　一度に何人もの保護者がお迎えに来ても、「少しお待ちください」と声をかけ、1人ずつ順番に帰しましょう。複数の保育者が同時にお迎え対応に出てしまうと目が行き届かなくなり、けがを誘発することにもなります。

第 2 章

生活のケア

`排泄`

おまるに座るのをいやがります

トイレトレーニングを始めたのですが、おまるに座らせようとすると、大泣きして抵抗します。気持ちよくおまるに座る方法はありますか。

🐻 おまるに誘うタイミングがわかりません

おまるに座っても、なかなかおしっこが出ないときがあります。誘うタイミングが悪いのでしょうか。

🐻 おまるに興味なし

それとなく誘うのですが、まったく興味がない様子。無理に座らせたくないし、どうしたらよいでしょう。

🐻 おまるから降りたら、おしっこ！

おまるに座っているときにはしないのに、降りた途端おしっこをしてしまいます。

先輩からのアドバイス

☑ 友達の様子を見る

おまるに何のために座るのか理解できないまま下半身を出して座るのは、子どももいやなのかもしれません。おしっこをする友達の様子を見せると、理解しておまるに座ることもあります。

☑ 興味がわいたタイミングで

子どもが興味を惹かれるように、トイレの片隅におまるを置いています。近づいたり、触ったりするタイミングで、「座ってみる？」と声をかけています。

☑ 出ても出なくても、ほめる

まずはおまるに座ることに慣れさせたいもの。出た、出ないにかかわらず、座ることができたことをほめます。

「とりあえず座らせてみる」はNG

子どもの興味や関心を無視して、「これからはおまるでおしっこね」と押しつけるのはNG。「座らせる」ではなく子どもが「座ってみよう」と思える工夫をしましょう。

Point　おまるの使用は、柔軟に

　低年齢児用の水洗便器が普及し、おまるを使用する園は減っています。とはいうものの、おまるのよさは、トイレでの排泄に向けてのステップとして、子どもが尿意を感じたときに手軽に座ることができるという点。ですから、子どもの活動場所に近く、目に触れやすい場所に置きましょう。興味を示さないのであれば、無理に座らせる必要もありません。本格的に排泄の自立に向けて取り組み始めるなら、直接トイレに誘ってみましょう。

排泄

トイレで遊んでしまいます

2歳児クラスのお兄さんお姉さんがトイレに行く姿をまねして、積極的にトイレに行きたがります。それはいいのですが、おしっこやウンチをせずに遊びだしてしまいます。どうすれば「トイレは排泄をする場所」とわかってもらえるでしょうか。

🐻 何回も水を流します
レバーを引くと水が流れるのを気にいったらしく、何回も水を流します。

🐻 トイレットペーパーで遊びます
トイレットペーパーをガラガラとたくさん引き出して遊んでしまいます。

🐻 おもちゃを持ち込みます
トイレに行くときに、遊んでいたおもちゃを手放すことができません。手放してもらう方法はありませんか。

先輩からのアドバイス

☑ 気が散らない環境づくり

見慣れないものが視界に入ると、好奇心旺盛な1歳児はどうしてもそちらに気が行ってしまいます。排泄に集中するために、物は棚にしまい、壁面にも何も貼りません。また、トイレに連れていくのは一度に2人まで、と決めておくと、順番を待つ間に遊びだす、ということがなくなります。

☑ 「1回だけね」と約束

レバーに興味をもつのは自然なことです。すべてを禁止すると、やりたい気持ちの行き場がなくなり、結果的にいつまでもトイレで遊びが続きます。何度も水を流す子どもには、事前に「1回だけね」と約束します。約束が守れたらほめて、習慣づけます。

☑ めやすが目に見えるように

ペーパーはここまで出してよい、とわかるようにテープで示したり、1回分のペーパーを最初から切っておいて、それを保育者が子どもに手渡したりしています。

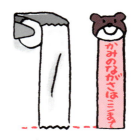

「遊びを許してしまうの」はNG ✗

興味があって触ってみたいのと、排泄に関係のない遊びをトイレでするのは全く別のことです。興味はある程度満たすように援助し、関係ない遊びはトイレではしないと伝えます。

Point 遊ぶ場所ではないことを、根気よく伝える

　子どもにとって、トイレは見慣れないものがたくさん詰まっているワンダーランドに見えるのかもしれませんね。壁面の飾りがごちゃごちゃしていませんか。大人の掃除・消毒用具も、子どもには魅力的です。見えないように工夫し、トイレは遊ぶ場所ではないと何度も丁寧に伝えます。

　おもちゃはトイレには持ち込めないことも、最初にルールとして示してください。どうしても手放せない子は、トイレの出入り口の近くで、トイレから見える場所に「おもちゃが待っている場所」をつくり、置いておきましょう。

排泄

トイレトレーニング、いつから始めるか迷います

2歳になる子どもも増える年度の後半。そろそろトイレトレーニングかな……とは思うのですが、1歳児クラスをもつのが初めてで、ノウハウがありません。先輩に聞いてみたら、「3歳までにおむつが外れたらいいんじゃない？」と、なんともアバウトな回答が。

🐻 保護者から、スタートの要望が

まだ1歳半なのに、トイレトレーニングを始めてほしいと保護者から要望。その子のお父さんが、2歳にはおむつが外れていたとのことで……。

🐻 保護者の反応がいまいち

トイレトレーニングの話題を出しても、あまり反応がかえってきません。興味がないのか、おまかせなのか……。

🐻 手が回りません

今年は早生まれの子どもが多く、年度後半でもかなり手がかかります。高月齢の子どもはスタートしたいのですが、人手が足りません。

先輩からのアドバイス

☑ 2時間がめやす
排尿の間隔をメモし、2時間以上空いたら、トレーニングスタートとしています。ですから、一人ひとりスタートの時期は異なります。

☑ 1歳児クラスはおおらかに
1歳児クラスではお試しでトイレに座る程度にして、本格的なスタートはしません。早目に始めて失敗が続くと本人も自信をなくし、その後のトレーニングによくない影響が出てしまいます。

☑ 関係者全員で共通理解を
おむつ外しは保護者の関心も高いので、トレーニングのプロセスを懇談会やおたよりなどで説明します。また、補助の保育者が全介助して台無し、ということもよくあるので、スタートする際は職員全員で情報を共有します。

「みんな一斉に開始！」はNG
排泄の自立は、身体的な機能が成熟していないと難しいものです。2歳になったからスタートではなく、一人ひとりをよく観察し、個人差を大切にしながら進めましょう。

Point 一人ひとりに合わせたスタートを

トイレトレーニングは、何歳になったらスタート、というめやすはありません。一人ひとりの体の成熟度合は異なるので、まずは排尿間隔を把握することから始めます。37ページを参考にいくつかのチェックポイントをクリアしたら、保護者・保育者間で情報を共有してスタート。「Aくんは今、排尿間隔が2時間空いていて、保育者がたずねると排尿があるかどうか教えてくれるので……」などと、データに基づいて説明すれば保護者も納得できるでしょう。「他の子も始めたので」などと、他の子どもと比較するような発言は避けます。

排泄における発達と援助

発 達	援 助
1歳前半ごろ ・おまるやトイレに興味を示す。 ・歩行が安定すると、膀胱（ぼうこう）に意識がいきやすくなる。 ・排泄のリズムが定まってくる。 ・トイレで遊んでしまう。 	・興味を示したタイミングで、座ってみることを提案するが、無理強いはしない。 ・排尿の間隔、排便のリズムを観察し、記録にとる。 ・遊んでしまう場合は待たせる時間が長くないか、気をそらす要因はないか確かめ、排泄に集中しやすい環境を整える。
1歳後半ごろ ・もぞもぞしたり、立ったり座ったり落ち着きがないなど、一人ひとり排泄のサインが異なる。 ・服を脱ごうとして出てしまったり、便座から立ち上がったときに出てしまったりする。 ・個人差もあるが、日中2時間程度、排泄の間隔が空く子がいる。	・排泄サインを読みとることを心がけ、タイミングよくトイレに誘う。 ・失敗をできるだけ意識させない言葉をかける。 ・午睡後などにトイレに誘い、「トイレでおしっこできた」という感覚を体験させる。

	発達	援助
2歳前半ごろ	・2歳を過ぎると括約筋が発達し、少しの間我慢できる。 ・自分から「チッチ」「でる」などと言葉で知らせる。 ・遊んでいて、漏らすこともある。 	・ぎりぎりまで我慢をする子どもには、我慢する癖をつけないようタイミングよくトイレに誘う。 ・言葉で知らせたこと、トイレで排泄できたことを共に喜ぶ。 ・遊びの区切りをみて、タイミングよくトイレに誘う。失敗しても責めず、「だいじょうぶだよ」と安心できる言葉をかける。
2歳後半ごろ	・午睡時だけおむつの子どもも、徐々にパンツのまま眠る。 ・個人差もあるが、一日中パンツで過ごせる子どもが増える。 ・失敗すると、傷ついたり恥ずかしいと思う気持ちが大きくなる。 ・食事や午睡前など、進んでトイレに行く習慣がつく。	・家庭と連携しながら、パンツで過ごす快適さを子どもに伝える。 ・失敗した際は目立たぬように着替えをさせ、処理する。失敗は誰にでもあることを伝え、安心させる。 ・見通しをもって生活ができるよう、少しずつ声かけを減らす。

明るく楽しいトイレの工夫

排泄から手洗いへの流れが見えやすいレイアウトに

トイレットペーパーは1回分を用意し、ストックしておく

脱ぎはきがしやすいように低めのイスをトイレ内に設置しておく

キャラクターのイラストなどは子どもがトイレに抵抗がなくなってきたら外す

便座のひんやりした感触が苦手な子のために、便座カバーを敷く

　初めてトイレで排泄をする子どもが安心できるような環境を目指します。照明やにおい、トイレ内の室温が保育室とかけ離れていないか、また、床や便座が冷たくないか確認します。トレーニングを始めた子どもが次に何をすればいいか自分で考えて動けるよう、動線を工夫しましょう。

✓ ここをチェック！

- 清潔で、あたたかみがある場所になっているか
- 照明やにおいが、不快でないか
- 脱ぎはきする場所、待つ場所がわかりやすいか

トイレトレーニングの進め方

❶ トイレやおまるに誘う

その子の排尿間隔から考えてそろそろかな？というタイミングで誘います。

> **ここがポイント!!**
>
> トレーニング開始の目安は、「排尿間隔が2時間以上空いている」「歩行が安定している」「簡単な言葉を理解している」。条件がそろったら、保護者と相談しスタート！

❷ 日中パンツで過ごしてみる

成功する確率が増えたら、日中だけパンツに。午睡のときは無理せずおむつに戻します。

❸ 自分で排尿を伝える

自分から排尿を伝え、失敗も少なくなったら、トレーニングも完了！

便器に座れた際には

足が床についているか

便器に座ったときに足がしっかり床につくことを確認して。子どもは頭が重いので、ふんばれないと前や後ろに転び、トイレを怖がる原因になります。足が床につかない場合は、おまるを使うか、つかまる手すりを用意します。

> **トイレトレーニングの様子を保護者と共有して**
>
> 園でのトレーニングの様子は、毎日丁寧に保護者に伝えましょう。特に進歩が見られたときは、一緒に喜ぶ姿勢を見せて。ただ単に「今日はトイレでおしっこができました」と報告するのではなく、「こうしたら、うまくいった」とプロセスを含めて伝えます。

食事

少食、食べ過ぎが心配です

食にあまり興味がないのか、2、3口しか食べない子どもがいて、心配です。かと思えば、用意された食事の量では足りないと泣く子どももいます。適切な量を食べてほしいのですが、どうすればいいでしょうか。

🐻 日によって、食欲にムラがある
よく食べていると思ったら、次の日には半分しか食べない子どもがいます。食べる量の差がありすぎます。

🐻 機嫌が悪いと食べない
好き嫌いではなく、気分によって食べない子どもがいます。

🐻 何度もおかわりをしたがる
何度もおかわりを要求する子どもがいます。よく食べるのはうれしいけれど、どこまで食べさせていいか迷います。

先輩からのアドバイス

☑ おかわりがしたい子どもには、最初から小盛りで

「おかわり！」がしたいだけの子どももいるので、そういう子には最初から小盛りで渡します。

☑ おなかがすくように

おなかがすいてご飯を食べる、という流れになるよう日々の活動量に気をつけています。午前中に晴れた日は必ず散歩に出かけ、雨の日はホールで体を動かします。

☑ 家庭と連携

園では少食でも、家庭ではよく食べるという子どももいます。家庭での食事の様子をたずね、よく食べる食材があれば、園でも取り入れます。

☑ 咀嚼力を観察

味がいやなのではなく、かむのがたいへんだから食べられないという子どももいます。食べている様子をよく観察し、その子どもの咀嚼力にあった食事を提供しています。

> **Point** 体の発育や活動の様子も、合わせて判断
>
> 　月齢に比して、体が極端に大きい・小さい、ということなら、早急に対策が必要です。また、日中だるそう、活気がない、などの姿が続くようなら、これも心配です。しかし、元気いっぱいに遊び、発育も順調なら、1回の食事の量に一喜一憂する必要はありません。
>
> 　1歳児は、活動量も日に日に増す時期です。戸外で思いっきり走り回れるようになれば、自然と食べる量も増えます。また、食べない理由も子ども一人ひとりで異なります。丁寧に探っていきましょう。

食事

好き嫌い、どう克服していますか？

白米が大好きなRちゃん。おかずを食べずに白米ばかり食べます。「おかずも食べてみよう」と言っても、ほとんど手をつけません。どうすればバランスよく食べるようになるでしょうか。

🐻 柔らかい物しか食べられない
家で柔らかい物しか食べていないようで、少しでも硬い肉などがあると、全部出してしまいます。

🐻 ごはん代わりにお菓子やミルク
園で全然ごはんを食べていないのに、なぜかぽっちゃり。保護者にたずねると、ごはんの代わりにお菓子やミルクを与えているようです。

🐻 以前は何でも食べたのに……
少し前まで何でも食べていたのに、好きなおかずができて、そればかり食べるようになってしまいました。

先輩からのアドバイス

☑ 食べてみようかな？と思えるように

子どもが野菜に興味をもてるよう、プランターできゅうりを栽培しています。

☑ 挑戦したことを、ほめる

まずは子どもが「食べることは楽しいこと」と思うことが大切です。いきなり好き嫌いをなくそうとしたり、全部食べさせようとするのはNG。ひと口しか食べなくても、「ひと口食べられたね」と、子どもの努力を認めます。

☑ 家庭の様子をたずねる

柔らかい物しか食べられない場合、家庭での食事の様子を聞くようにしています。園での食事の様子や、発達に合わせた食べ物の硬さなども伝えると、少しずつ園の食事に合わせてくれるようになりました。

☑ データを示して、理解を得る

肥満体型の子どもの場合、成長曲線を使ってその子どもの身長と体重のバランスを示して保護者に説明します。食事ノートを作り、家庭と園で子どもの一日の食事とおやつを共有します。

Point　子どもの食の世界を広げる援助を

「出されたものは残さず食べる」が美徳の日本では、好き嫌いをそのままにしておくことは感覚的に抵抗があるでしょう。

でも、広い世界を見渡してみれば、「残す」ことがマナーの国もありますし、「自分で好きなものを選んで食べる」ことが自律への一歩とする国もあります。多少の好き嫌いにめくじらを立てなくてよいのかもしれません。とはいえ、味や食感が嫌いならともかく、食わず嫌いは残念です。「ひと口だけ食べてみよう」と励まし、子どもの食の世界を広げることも保育者の大切な仕事です。

食事

スプーンやフォーク、どう使う？

まだスプーンやフォークがうまく使えないSくん。食欲は旺盛で、手づかみで何でも食べます。もうすぐ2歳だし、そろそろ道具を使って食べてほしいのですが、どうしたらいいでしょうか。

🐻 食べ物をわざと床に落とします

ウィンナーにフォークがうまく刺さらず、床に落としてしまいました。それがおもしろかったのか、わざと食べ物を落とすようになりました。

🐻 スプーンで遊んでしまいます

スプーンを持っても、振り回したり机をたたいたりして遊んでしまいます。

🐻 保育者の手伝いを拒否

スプーンをうまく口まで運べません。保育者が手を添えて手伝おうとすると、いやがって泣き出します。

先輩からのアドバイス

☑ もう赤ちゃんじゃないものね

1歳を過ぎると「自分でやりたい」という自我が芽生えます。「フォークで食べられたら格好いいね!」などと、子どものプライドをくすぐるように言葉をかけます。コロコロ転がりやすい食べ物にフォークを刺すときは、子どもの手の上から保育者が手を添え、できたら「やった! できたね!」とほめます。

☑ 食器や食べ物では遊ばない、と伝える

スプーンで他の子どもをたたこうとふざけたり、振り回したりする子どもには、「食器や食べ物は遊ぶものではない」と、丁寧に説明します。あまり遊びが続くようなら、食べる意欲がなくなったと判断し、食事を切り上げます。

☑ 年度の初めに、初スプーン

1歳児クラスになって少し経ったころ、自分でスプーンを持ちました。お兄さん、お姉さんになった嬉しさと、自分で食べられるようになったという誇らしさがつながり、とてもスムーズでした。

「突然握らせる」のはNG❌

段階を踏まずに突然握らせても、上手にできないどころか、失敗して子どものプライドを傷つけます。順手持ち、逆手持ち、えんぴつ持ちへとステップを踏んで(49ページ参照)。

Point 食材、食器も工夫して

　スプーンを使いたがらないのは、上手に使える自信がないからかも。スプーンを上手に使うには、食材の形状や食器の重さなども重要です。少しとろみをつけるなど食事の形状を工夫し、食器はある程度重みがあるもの、縁のところが少し高くなっているものを使うことで、ぐんとスプーンですくいやすくなります。食事の終わりに差し掛かったらまとめるなどの援助をしますが、最後のひと口は自分で食べさせ、スプーンで食べたという達成感を味わえるようにします。

食事
アレルギーがある子どもに、どんな配慮を？

Tくんは、小麦粉と卵にアレルギーがあります。アレルギー食材が出るときは事務所に避難させ、園長と2人で食べています。本人はどうしてなのかわかっていないようで、なんだかかわいそうです。

🐻 誤食にヒヤヒヤ
食べられない食材がたくさんある子どもがいて、把握するのが大変です。昼食やおやつの時間は、誤食が起きないか、いつも不安です。

🐻 保護者の要望が細かい
園では、その子が食べられない食材は除きますが、保護者から調理法などの細かい要望が多く、対応しきれません。

🐻 子どもへの説明が難しい
アレルギーがある子どもが、給食を食べ終わった直後の他の子どもに近づこうとして、あわてて止めました。どう説明すればよいでしょうか。

先輩からのアドバイス

☑ 取り違えないシステムを

アレルギーをもつ子どもの食事トレイは他の子どもと別の色にする、名前を大きく貼りつけるなど、取り違いを防ぐ工夫をしています。また、アレルギーの子どもへの食事提供前には、2人以上で指さし確認をするよう自治体から指示が出ています。

☑ 隔離でも、楽しく

他の子どもと別でもさみしくないよう、隔離した先で読み聞かせをするなど、特別な対応をしています。

☑ 家庭との連携を

細かい要望が出るということは、保護者も不安なのだと思います。そこで、栄養士も含めて、保護者との打ち合わせを行うようにしました。園での調理体制や食事提供の確認方法、いざというときの対応などを保護者に伝えることで、安心されるようです。

☑ みんなにアレルギーの説明をする

1歳、2歳といえども、理由を説明せず引き離すのは、子どもの心に傷を残します。アレルギーをもつ本人だけではなく、クラス全員に「○○くんは牛乳を飲むとブツブツが出てしまうの」など、アレルギーの説明をしています。

Point　子ども一人ひとりが理解を深めて

　アレルギーがあるために、友達や保育者と離れて食事をしなければならないのはつらいことでしょう。例えば週に一日でも、みんなでアレルゲンフリーの給食やおやつを食べる日がつくれるとよいですね。
　また、1歳2歳だとまだ理解は難しいかもしれませんが、それでも説明する努力をしたいものです。Tくんは卵を食べると具合が悪くなってしまう、ということを、本人を含め、まわりの子どもが理解することこそ、今後誤食事故を防ぐ一番の近道になるのです。

食事における発達と援助

発達

1歳前半ごろ

- 手づかみ食べが上手になると同時に、スプーンやフォークを使って食べることを覚える。
- 1歳前後で前歯が8本生えそろう。
- 口へ詰め込みすぎたり、食べこぼしたりしながら一口量を覚える。
- 1歳4、5か月前後から奥歯が生え始めるが、かむ力は弱い。

1歳後半ごろ

- コップから自分で水分をとる。
- たいていのものは一人で食べる。
- スプーン、フォークを使いこなす。
- 遊び食べをすることがある。

援助

1歳前半ごろ

- 手で食べても叱らず、スプーン等を上手に使えたらほめる。
- 食べ物をスプーンにのせることだけ援助し、口に入れるのは自分でできるようにする。
- かみつぶさないと飲みこめない大きさの食材を提供し、かむことを促す。

1歳後半ごろ

- 両手付きコップで上手に飲めるようになったら、片手付きコップへ移行する。
- こぼすことがあっても、意欲を尊重する。
- 食具の順手持ちから逆手持ちへ移行の援助をする。
- 食べ物や食器では遊ばないことを伝え、食べる意欲がなくなったら切り上げる。

発達	援助

2歳前半ごろ

発達
- 歯全体を使ってかむ。ほとんどの食事を一人で食べるようになる。
- 片手付きコップで、傾けずに水分をとる。
- 片手で食器を押さえ、片手でスプーンを持って食べる。
- スプーン・フォークを、手首を使って使いこなす。

援助
- 一人で食べ終えられたら、しっかりほめる。
- 食事の合間に水分をとるよう声をかけるが、食べ物を水分で流し込まないよう気をつける。
- 一方の手で食器を押さえながら食べるよう、伝える。
- スプーン・フォークはえんぴつ持ちへと移行する。
- 食べ終えた後の後始末（手・口をふく、食器を下げるなど）にも意識を向ける。

2歳後半ごろ

発達
- ほとんどこぼさず、食べることができる。
- 友達や保育者と会話をしながら食べることを楽しむ。
- 徐々に箸へと移行するが、難しいものはスプーンで食べる。
- 食事のマナーを理解する。
- 残さず食べることに達成感を感じる。

援助
- エプロンを汚さず食べられる日が増えたら、エプロンを卒業する。
- 楽しい雰囲気を大切にしながらも、おしゃべりに夢中にならないよう配慮する。
- 一人ひとりに応じて手を添え、箸の扱い方を支援する。
- 「口の中に食べ物を入れたときはしゃべらない」など、少しずつマナーを伝える。
- 食べきれる量を配膳し、達成感を味わえるようにする。

もりもり食べたくなる食事環境

食事をする場は仕切り、遊ぶ場に注意が向かないようにする

保育者はすべての子どもに目が行き届く場所に

イスは、子どもの足が床に着く高さにする

食器は縁に立ち上がりがあると、すくいやすい

テーブルは、子どもが座ったとき、肘が直角に曲がってテーブルに置けるくらいの高さにする

食事に集中できるよう、ひとつのテーブルを囲むグループは3、4人

汚れたら子どもが自分でふけるように、湿らせた口ふきタオル、テーブルふきタオルを準備

大切なのは、食事が楽しいと思える環境をつくることです。保育者は介助が必要な子どもだけにかかわるのではなく、食事が自立した子どもには目と言葉をたっぷりかけるよう意識します。「おいしいね」などと声をかけて、楽しい食卓にしましょう。

✓ ここをチェック！

- 食事と遊びのエリアが分けられているか
- テーブルとイスは適切な高さか
- すべての子どもに目が行き届くか
- 食器は少し重みがあり、すくいやすいか

スプーンの持ち方を伝える

① 順手持ち

上から握る持ち方。10カ月くらいから握らせて、スプーンと口との距離感覚をつかめるように。
握りやすい丸みを帯びた柄と、浅めのくぼみがある物がよいでしょう。スプーンを口の中に入れることに抵抗がある子どもには、金属製ではなく、木製やシリコン製、軽いプラスチック製のスプーンなどを試します。

② 逆手持ち

順手持ちで食べ物を口まで運ぶのが上手になったら、下から握る方法で手首を動かして口へ運びます。長すぎず、短すぎないところが持てるよう、握る部分にマークをつけるとよいでしょう。

③ えんぴつ持ち

親指と人差し指の間にスプーンの柄を置き、指先で固定する完成形。
子どもの親指、人差し指、中指を開き、そこにスプーンをのせて持ち方を伝えます。親指がのるところに印をつけるとわかりやすくなります。スプーンの柄は平たいものがよいでしょう。

【睡眠】

気持ちよく目覚めるには どうすればいい？

午睡から目覚めると、ご機嫌が悪くなるSくん。泣いたり、動かなくなったり、かんしゃくをおこしたり……。保護者によると、家でも同じように苦労をしている様子。どうしたら気持ちよく目覚められるでしょうか。

🐻 寝つきが難しい
なかなか眠りに入れない子どもがいます。うとうとしかけては、パッと目を開けてしまうの繰り返しで、十分眠れないのではと心配です。

🐻 うつ伏せが好き
あお向けにしても、すぐにうつ伏せに戻ります。SIDS[*]のリスク低減のためにも、あお向けで眠ってほしいのですが。

🐻 大量に発汗
異常に汗かきの子どもがいます。起こして着替えさせるのもかわいそうだし、服がぐっしょり濡れたまま寝ていると風邪をひいてしまいます。

[*] SIDS＝乳幼児突然死症候群

先輩からのアドバイス

☑ 時間差で起こす

寝起きが悪い子どもは、その子どもだけ他の子どもより早めに起こします。調子が戻るまで15分くらい。その時点で他の子どもと行動を共にできるように時間を調整します。

☑ うつ伏せ予防にコット

敷布団ではなく、コットを導入したら、頻繁に寝返りしにくくなりました。コットは両端が少し高くなっているので、うつ伏せにもなりにくく便利です。

☑ 汗かきには通気性のよい寝具を

コットにバスタオルで眠るようになったら、通気性が格段によくなり、汗をかいても以前のようにぐっしょり濡れなくなりました。背中に小さなタオルを挟み、汗をかいたら引き抜くだけにしておくのも有効です。

☑ 日常の活動から判断

睡眠が足りているかどうか心配な場合、日常の活動の様子から判断します。午睡時にうまく眠れないようでも、日常の活動の中で眠そうな様子がなければ問題ありません。

Point　気持ちよく眠り、目覚める環境を整える

「寝起きが悪い」と保育者が感じるのは、他の子どものように、目覚めてすぐにトイレに行ったり、着替えたりといった行動に移らないからでしょう。その子どもにしてみれば、目覚めたばかりでぼんやりしているところに、あれをして、これをしてと言われて、気分が悪いのでしょう。睡眠は眠り方、目覚め方も人それぞれです。子どもも同様に、一人ひとりが気持ちよく眠り、目覚める環境を工夫しましょう。まずは、寝具の通気性や睡眠時間の調整から始めてみてください。

睡眠

いつも眠そうです

午前中はいつも眠そうな様子の子どもがいます。どうやら保護者が寝る時刻に合わせて子どもも寝ているようです。もっと早い時刻に眠ることができれば、園でもっと楽しく過ごせると思うのですが、どうしたらよいでしょうか。

🐻 午睡の途中で何度も起きます

午睡の途中で何度も起きる子どもがいます。まとまった時間、ちゃんと眠ってほしいのですが。

🐻 「昼寝のさせすぎ」とクレーム

園で昼寝をしすぎているせいで夜の寝つきが悪いと、保護者からのクレームがありました。早く起こしたほうがいいのでしょうか。

🐻 午睡の時間がバラバラ

お昼ごはんを食べながら眠ってしまうこともあれば、全く寝ないときもあります。生活のリズムができていないのでしょうか。

先輩からのアドバイス

☑ 保護者に、園での様子を伝える

保護者の側にばかり生活リズムの改善を要望するのはNGです。「午前中、ぼんやりしていました」など、園でのその子どもの様子を伝え、「おうちで、何かありましたか」などとさりげなくたずねます。遠回しですが、「早い時間に寝かせた方がよい」というメッセージは伝わります。

☑ クレームには、一緒に考えるスタンスで

保護者から「昼寝のさせ過ぎ」というクレームがきた場合、いったん素直に受け止めたうえで「夜スムーズに眠れるよう、一緒に考えていきましょう」と呼びかけ、保護者も巻き込みます。

☑ 個別に対応する

さまざまな事情で、保護者の協力が得られない場合もあります。そんな日は園で午前睡を取り入れるなど、園の日課にとらわれず、個別に対応します。

☑ 眠らなきゃという思い込みを捨てる

体調や気分で、大人でもバラつきがあるのが睡眠です。午睡の時間に眠らない子どもがいても、その子どもの午後の活動に影響がなければ問題ありません。その際、保護者には「今日、午睡をしていないので、早めに休ませてください」などの伝達をします。

Point　一日の生活リズムを視野に入れて

　子どもの生活リズムは、家庭によって違います。乳児クラスでは、子どもを園のリズムに合わせるのではなく、子どもに合わせることが原則。午前中、眠そうな子どもがいるなら、30分でも横になって体を休める時間をつくればよいのです。そのうえで、保護者にはこの年齢の子ども達に望ましい生活リズムについて、折に触れ伝えます。園側も努力をしていることがわかれば、保護者も「子どものために改善してみよう」と思うものです。一日を通して必要な睡眠と休息がとれているなら、眠る場所は園でも家庭でもかまいません。

睡眠における発達と援助

発達 / 援助

1歳ごろ

発達
- 1歳前半は歩行を開始し、活動量が増えるため、午前睡を必要とする子どももいる。
- 1歳後半は、ほとんどの子どもが1日1回の午睡だけで日中を過ごす。

援助
- 午前睡をする子どもは、他児と空間を仕切って静かに休めるように配慮する。
- 疲れて眠くなったから寝る、というリズムを大切にするため、日中の活動量や質を考慮する。
- 食べながら眠る子どもには、食事の時間を早める。

2歳ごろ

発達
- 入眠前の着替え、排泄、布団に入る、お話を聞くなどの一連の流れの中で、自分で眠りにつく態勢を整える。
- 午睡をしない子どもがいる。
- 眠るときに指吸いを必要とする子どもがいる。

援助
- 一人ひとり入眠儀式が異なることを意識してかかわる。
- 眠れなくても休息のために横になるよう促す。活動量が適切か、保育を見直す。
- 指吸いは無理にやめさせず、保育者がやさしく手を握ることで自然に離れられるようにする。

質のよい睡眠のための工夫

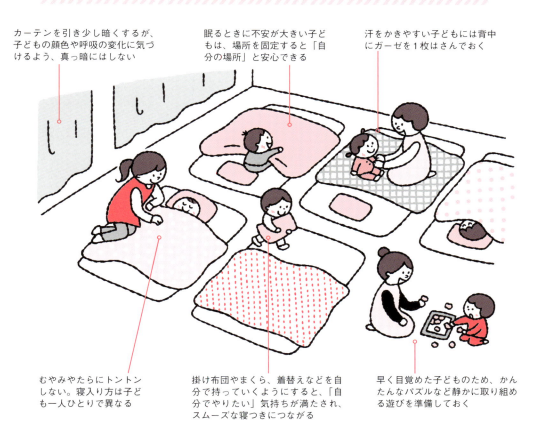

カーテンを引き少し暗くするが、子どもの顔色や呼吸の変化に気づけるよう、真っ暗にはしない

眠るときに不安が大きい子どもは、場所を固定すると「自分の場所」と安心できる

汗をかきやすい子どもには背中にガーゼを1枚はさんでおく

むやみやたらにトントンしない。寝入り方は子ども一人ひとりで異なる

掛け布団やまくら、着替えなどを自分で持っていくようにすると、「自分でやりたい」気持ちが満たされ、スムーズな寝つきにつながる

早く目覚めた子どものため、かんたんなパズルなど静かに取り組める遊びを準備しておく

　子どもがなかなか眠らないからといって、「寝なさい」「寝ないとおばけが来るよ」などとは言わないこと。しかるのではなく、そっとしておくと眠ることが多いものです。布団の上で動き回ることが入眠前の大切な儀式になっている場合もあります。

　目覚めにくい子ども、寝起きが悪い子どもは、他の子どもより少し前に声をかけ、布団の上でぼんやりできる余裕を確保します。その後、あたたかいおしぼりで顔や手をふくと、すっきり目覚められます。

着脱

服や靴下を脱いでしまいます

簡単な服や靴下を自分で脱げるようになりました。子どもの中で脱ぐのがブームになり、服を着せてもすぐに脱いでしまいます。

🐻 クラス全員、はだか
着ているものを次々に脱ぎ捨てる子ども。他の子どももまねして、とうとう全員がはだかになってしまいました。

🐻 パンツを何枚も重ねてはく
最近、自分でパンツがはけるようになった子ども。うれしくて保育室の引き出しからパンツを出し、何枚も重ねてはきます。

🐻 靴を履けて嬉しい？
自分で靴を片方履いて、嬉しくなってそのまま駆け出す子ども。微笑(ほほえ)ましいですが、毎回追いかけるのが大変です。

先輩からのアドバイス

☑ 楽しい気持ちに共感する

自分で脱げることが、子どもにとっては嬉しいことです。制止や否定はせず、嬉しい気持ち、楽しい気持ちに共感します。それでも、はだかで風邪をひきそうな場合は「寒くてかぜをひいてしまうから」「靴はお外ではくものですよ」などと、丁寧に理由を説明します。

☑ 遊びの中で楽しむ

ままごと用のエプロンやスカート、お医者さんの白衣やお姫様のドレスなどを用意して、ごっこ遊びの中で、脱いだり着たりの楽しさを味わえるようにしています。

☑ 無理に落ち着かせない

はだかでハイテンションな子どもを、無理に落ち着かせようとしても逆効果です。楽しい気持ちのままお昼寝ごっこやお風呂ごっこに誘導し、最後は紙芝居で楽しみます。

Point　嬉しさに共感する

　今までできなかったことができるようになった、という嬉しさがあふれていますね。微笑ましい光景です。保育者も、半分困って、半分嬉しい、複雑な気持ちでしょう。このような場合は、無理に制止したり、「脱がないで」と子どもの行動を否定したりせず、あたたかい目で見守ることが肝要です。他にできることが増えれば、自然となくなります。わざと困らせようとするいたずらならともかく、嬉しさのあまりの行動だったら、「はだかんぼではかぜをひいてしまうよ」などと保育者がやさしく諭せば理解できるでしょう。

着脱

着替えをいやがります

着替えのとき、いやがって逃げ出してしまう子どもがいます。つかまえて服を着せると泣くし、脱ごうとするしで大騒ぎです。あまりにいやがるので、私自身も着替えがいやになりそうです。

🐻 失敗すると怒り出します
ズボンをはくときに足を入れる場所を間違えた子。一度失敗するといやになるようで、怒りだしました。

🐻 着たい服がないと、着ません
用意された服の中に自分の着たい服がないと、「イヤ！」と着替えを拒否します。

🐻 おむつ替えもいやがるように……
着替えをいやがるのと同じ時期から、おむつ替えもいやがるようになってしまいました。

先輩からのアドバイス

☑「イヤ」の理由を探る

着替えをいやがる理由は一人ひとり違います。服をかぶるとき、一瞬目の前が暗くなるのが怖くて着替えをひどく怖がる子どもがいました。理由がわかってからは、暗くならないように気をつけて援助をしたら、いやがらなくなりました。

☑「できる」ように先回り

失敗するとかんしゃくを起こしたり、泣いたりする子どもには、子どもの動きを予測し、うまく「できた！」となるように援助します。足を入れ間違いそうになったら、間違ってから直すのではなく、間違いそうになった時点でちょこっと手助けします。

☑ 全部の服にお気に入りのキャラクター

保護者が、すべての服にその子どもが大好きなキャラクターのワッペンをつけました。大好きなキャラクターと一緒だと着替えも楽しいようです。こだわりは、2歳児に特有の自我の育ちなので、できるだけ尊重しています。

「押さえつけて着替え」はNG❌

いやがるのは何か理由があるはず。問答無用で着替えさせるのはやめましょう。なぜ今着替えが必要なのかを丁寧に伝え、なぜいやなのか、どうしたら着替えられるのかを探ります。

Point 「イヤ」は、子どもからのメッセージ

　なぜ着替えをいやがるのでしょう。いろいろな理由が考えられますが、もしかしたら、「もう自分は赤ちゃんじゃない、自分でできるんだ！」という意思の表れなのかも。そうなら、援助の方法をこれまでとは変える必要があります。できそうなところを自分でさせたり、「先生は小さい子を手伝うから、Tくんは自分で脱げる？」などと、成長の手応えを感じられるような声をかけたり。イヤイヤは、子どもからのメッセージだととらえて、しっかり受け止めましょう。

着脱

保護者に着脱しやすい服を用意してほしい

今年から入園してきた子の保護者に、「保育園に行くときは、どんな服を着せればいいですか？」と聞かれました。着脱が少しずつ自分でできるようになる時期なので、着脱しやすい服がいいのですが、どう伝えればいいのか迷います。

🐻 レギンスをはく
保護者の好みで、いつもレギンスをはいてくる子。夏場はとくにはきにくく、やめてほしいのですが。

🐻 ボタンの服を着てくる
ボタンつきのシャツや、ぴたっとしたジーパン。流行のおしゃれ着を着てくる子がいます。

🐻 サイズが合わない
子どもに合ったサイズの服を用意してほしいです。ピチピチだと脱ぐのもひと苦労です。

先輩からのアドバイス

☑ 子どもの困り感を伝える

いつも着脱しにくい洋服を着せる保護者には、「今日、着替えに時間がかかってしまって……」など、今日の様子の報告というかたちで、さりげなく伝えます。"保育者が"ではなく"子どもが"困っていると伝えるのがポイント。

☑ 入園時・クラス替え時におたよりで

子どもの活動を妨げない、脱ぎ着がしやすい衣服について、保護者がわかりやすいよう、おたよりで知らせます。

☑ 着脱が楽々のときに伝える

今日はお着替えが上手にできたということを、お迎え時に報告します。保護者も嬉しいし、適切な服だったということが伝わるし、一石二鳥です。

☑ 今、取り組んでいることを伝える

「今、ズボンに足を入れています」「腰までズボンをあげています」など、園での様子を細かく伝えます。具体的に報告することで、保護者が適切な服を用意しやすくなります。

Point 　具体的に提案する

　できることが少しずつ増える年齢ですが、家庭ではまだやってもらうことが多いのでしょう。保護者も、できるようになったことを知らずに世話をしているかもしれません。

　洋服の形や素材を変えるだけで、自分でできるということを、さり気なく伝えましょう。伝える際は、「この洋服はダメです」という言い方ではなく、「少しゆとりのある服のほうが、今のRちゃんには脱ぎ着しやすいと思います」など、具体的に提案しましょう。

着脱における発達と援助

	発 達	援 助
1歳ごろ	・スナップや面ファスナーをくっつけたり外したりして遊ぶ。 ・脱ぎ着のしやすい服なら自分で着脱をしようとする。 ・脱いだ服を自分のロッカーやかごの中に入れる。 ・自分でやろうとしたときに、大人が手助けするといやがる。	・着脱の力を育む遊びを取り入れる。 ・ゆったりして伸縮性のある服を、保護者に用意してもらう。 ・「自分の」が子どもにわかるように、マークやシールを工夫する。 ・できることは見守り、難しいところだけを見極めて援助する。
2歳ごろ	・自分でうまくできないと、かんしゃくを起こして泣く。 ・保育者に見守られていることで、自分でやってみようとする意欲が育つ。 ・脱いだ服をたたむ。	・援助が必要な場合は「手伝いましょうか」と声をかける。子どもの同意を得てから手伝う。 ・時間がかかっても、できたことを認める。「ここを持ってみたら？」など具体的に助言をする。 ・脱いだ服にも意識を向けるようにする。

靴の脱ぎ履き　援助のポイント

① 靴を子どもの前に置く

靴の面ファスナーを大きく開き、子どもの前に置きます。

> **ここがポイント!!**
>
> 面ファスナータイプの靴が脱ぎ履きしやすいでしょう。座って脱ぎ履きできるよう、座面の低い小さなベンチを牛乳パックなどで作っておきます。

② 子どもが足を入れる

うまくかかとまで入らなかったら、後ろのタグを引っ張るよう伝えます。

③ 面ファスナーを、子どもがとめる

最後の行程を子どもがすることで、「できた」と達成感を感じます。

④ 脱ぐ際は、かかと部分から

面ファスナーを外し、かかと部分から少しずつ脱ぐことを伝えます。

　これらの行程がスムーズになったら、面ファスナーを開くところ、靴を並べるところなど、一つずつ子ども自身でやることを増やしましょう。室内で上履きを履くようになったら、かかとに輪にした紐などをつけると、子どもが自分で履きやすくなります。

パンツ・ズボンの着脱 援助のポイント

パンツ・ズボンをはく

❶ 服の前を上にして置く

慣れてきたら、保育者が「どっちが前かな?」と声をかけて子どもに考えさせます。

❷ 保育者がズボンを広げ、子どもは足を入れる

❸ 子どもがズボンを上げる

お尻にひっかかるのが最大の難所。保育者はしっかり引き上げます。

パンツ・ズボンを脱ぐ

● 子どもが足下まで下ろし、保育者が裾をおさえ片足ずつ抜く

時間はかかりますが、できるだけ見守りましょう。援助する際は必ず、「お手伝いしましょうか?」と子どもの意思を確認します。なにより「自分でできた」という感覚を大切にします。

上着の着脱　援助のポイント

上着を着る

① 上着を広げる

向かいあわせで子どもの背後に上着を広げます。腕を入れやすいよう上着を広げます。

② 子どもが腕を入れる

「腕を入れてください」など、子どもが自分で腕を上げるよう声かけを。
下の袖を持って腕を入れるようにし、中で袖がもたつかないようにします。

③ 子どもが裾を下ろす

最後に裾を下ろすように促し、子どもが「できた！」と実感できるように。

上着を脱ぐ

● 片方ずつ腕を抜く

長袖の場合は、袖を持ち、腕を引き抜きやすい援助を。
脱がせるのではなく、子どもが腕を引き抜くのを待ちます。

ファスナーなら引っ張るところ、ボタンなら子どもの目や手が届きやすい一番下のボタンに挑戦するなど、できるところだけさせます。無理に自立を促さず、子どもに合わせた無理のない範囲で着脱させましょう。

散歩

なかなか目的地まで たどりつけません

「今日はこの公園まで行くよ」と目的地を伝えますが、道端の虫や石が気になってその場から動かなくなります。子どもの興味は尊重したいのですが、歩くことも大切な時期だし、どこまでつきあっていいのか悩みます。

🐻 園庭の水たまりで、遊びます
外へ出たものの、園庭にできた水たまりにみんな夢中になり、散歩の前に泥だらけになりました。

🐻 生き物に、興味津々
道端のテントウムシや歩いている犬、いろんなものに関心をもち、なかなか進みません。

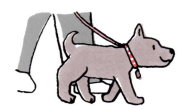

🐻 小石投げに夢中
公園へ向かう途中、一人が溝の中に小石を投げだすと、他の子どももそれに続いて動かなくなりました。

先輩からのアドバイス

☑ 目的地は設定しない

1歳児クラスの散歩は、目的地にたどり着くことより、一緒に歩くというプロセスが大切です。「このあたりで30分」など目的はアバウトに決めています。

☑ 一緒に発見を楽しむ

思いもよらないところで子どもが立ち止まったら、その発見を一緒に楽しむことにしています。一緒にじっくりと味わった後、「楽しかったね。じゃあ、ばいばいしよう」と気持ちを切り替える言葉をかけています。

☑ 途中の気になりそうな場所はマーク

ひっかかりそうだな、と思う場所はあらかじめチェックしておき、そこに子どもたちの気持ちがそれないように工夫しています。

「子どもをせかす」はNG✗

目的地へと急ぐあまり、子どもをせかしてしまっては、せっかくの楽しい散歩が台無しです。1歳児の好奇心を大切にした散歩を心がけましょう。

Point　寄り道を目的に

あっちへ寄り道、こっちへ寄り道……で、なかなか進まない、1歳児クラスの散歩。でも、見方によっては、ゆったりした空気が流れる素敵な時間です。1歳児クラスはこういうもの、と割り切って、保育者も一緒に寄り道を楽しんでください。寄り道こそ目的地だったかのような、素敵な発見があるかもしれません。

活動量を確保したいなら、園庭のほうがこの時期は安全で有効です。散歩のねらいと活動量のねらいは切り離して考えるとよいでしょう。

散 歩
手をつなぐのを、いやがります

出かけるときは保育者と手をつなぐのですが、一人で歩きたがり、なかなかつないでくれません。その子どもを待って出発が遅くなったこともあります。どうすれば、いやがらずに手をつなげるでしょうか。

🐻 手をふりほどかれます
道路に出たとき、いきなりつないでいた手をふりほどかれ、あせりました。

🐻 手をつなげないと泣きます
特定の子どもと手をつなげないと、ぐずる子どもがいます。

🐻 友達と手をつなぎたがりません
友達同士で手をつなぐのをいやがる子どもがいます。つないでいても、道端に気になるものがあると、すぐ手を離してしまいます。

先輩からのアドバイス

☑ 手をつなぐことに慣れる

入園したての1歳児は、手を握ることにまだ慣れていない子どもがいます。遊びの中で手を握る機会を増やし、徐々に慣れさせます。手を握るのが難しい子どもがいる場合、握っていないと危険な場所には絶対行きません。

☑ 5歳児クラスと

時々、5歳児クラスとペアで出かけます。お兄さんお姉さんが相手だと、ふだんは手をつなぐのをいやがる子どもが素直に手をつなぐこともあります。

☑ 気持ちを伝えあうチャンスに

この子と手をつなぎたい、という気持ちが出てきたら、思いを伝えあうチャンス。逆に、この子とはつなぎたくないという場合は無理強いはせず、保育者がつなぎます。

Point 手つなぎも慣れることが肝心

　手をつないで歩くのは、1歳児には難しいものです。しっかりステップを踏んで経験させてください。まず、保育者が子どもの手をぎゅっとつかんではいけません。子どもの側が保育者の手や指を握り、その上から保育者がそっと手をかぶせるのが基本です。子どもがいつでも手を離せる状態にしておかないと、ぱっとしゃがんだときなどに肩や肘の関節が外れてしまいます。手を握ったときに肘がしっかり曲がっていることもポイント。保育者にぶら下がったり、引っ張られるような歩き方にならないよう、まずは園内で手をつないで歩きましょう。

歩くことにおける発達と援助

発達　　　　　　　　　援助

1歳前半ごろ

発達
- 伝い歩きから一人歩きへと目ましく発達する。
- くぐる、またぐ、段を上るなどの動きが上手になる。
- 歩く喜びにあふれ、どこへでもどんどん歩いて行こうとする。

援助
- 手に固いものを持ったり、口の中に物を入れたりしたまま歩かせない。
- 段を上ることはできても降りるのは難しいので、危険がないように配慮する。
- 歩行が安定しないうちは、公道の散歩は避け、園庭や広場での運動を取り入れる。

1歳後半ごろ

発達
- 手をおろしてスタスタ歩ける。
- 目の前の障害物や、段差をよけて歩く。
- 低めの段から飛び降りる。

援助
- 散歩では少しずつ手をつないで歩く。ある程度の距離を歩くことを目標に、足腰の強化につとめる。
- でこぼこ道や不安定なマットの上を歩く遊びを取り入れる。
- 目標をもって降りたり、くぐったり、登ったりという活動で、体を動かせるようにする。

	発 達	援 助
2歳前半ごろ	・子ども同士で歩調を合わせ、手をつないで歩くことに慣れる。 ・運動能力のさまざまな側面が飛躍的に伸び、できる運動が増える（ボールを目標に向かって投げる、低い平均台を渡る、両足で踏み切ってジャンプするなど）。 ・イメージをもって体をコントロールすることができる。 ・手すりにつかまりながら、階段をゆっくり上る。	・一緒に歩く楽しさを味わいながら、目的地をイメージして歩けるよう援助する。 ・さまざまな体の動きが可能になるような環境を、室内外に準備する。 
2歳後半ごろ 	・勢いよく走り、ぴたっと止まることができる。 ・リズムに合わせて体を動かすことを楽しむ。 ・より難しいことにチャレンジしようとする気持ちが高まる。 ・三輪車をこぐ、ケンケンパーをする、ボールを投げる、片足立ちなどの複雑な動きが上達する。 ・体の動きに勢いがつくようになった分、転倒やぶつかりなどの際には大けがにつながることがある。	・追いかけっこやリレー遊びで、思い切り走る経験を保障する。 ・リズム体操やわらべうたを取り入れ、歌と体の動きがスムーズに連動するようにする。 ・「もっと遠くへ投げる」「もっと高く上る」など、子どものチャレンジ精神を刺激する活動を提供する。 ・走るときには皆で一方向に、など、子ども同士の衝突を防ぐ。

清潔

手洗いが水遊びになってしまいます

手洗いのとき、自分で蛇口をひねって水を出せるようになりました。でも、いつまでも水を出しっぱなしにして遊んでいます。どうすれば正しい手洗いの習慣がつくでしょうか。

🐻 水を、ドバドバ出します
蛇口を全開にして、水をドバドバ出して喜んでいます。水がおもしろい時期だとは思うのですが、どこでやめさせればいいですか。

🐻 石けんで遊びます
ポンプ式で泡が出るタイプの石けんを何度も押して、泡だらけにして遊んでいます。

🐻 何回も水を流します
一度手洗いをしても、もの足りないのか何回も洗面台に行きたがります。ただ水を流したいだけのようですが……。

先輩からのアドバイス

☑ 手洗い以外の時間で、水を楽しむ

1、2歳のこの時期、水は魅力的な素材です。水遊びが楽しい気持ちを否定するのではなく、手洗い以外で水に触れて遊べる場をたくさん設けます。

☑ 今は遊びの時間ではないことを伝える

2歳も近くなったら、「何のために」手を洗うのかも理解してほしいので、遊んでいたら止めます。

☑ 固形石けんを導入

ポンプ式だと、取り合いになったり、たくさん出したりするので、各蛇口に一個ずつ固形石けんをぶら下げました。ただし衛生面には十分に注意し、遊ばなくなったらポンプ式に移行しています。

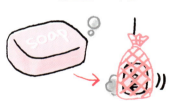

☑ 蛇口を調節

決まった量の水しか出ないように、水道の元栓を調節しています。

Point　思う存分、水を楽しむ時間を保障して

　冷たい感触、手で触れると形が変わる面白さ、しぶきや流れなどさまざまな姿を見せる水は、子どもにとってとても魅力的な素材です。五感をはたらかせて世界を探求しようとする力が大きい1、2歳ごろは、十分に水の面白さを楽しむ時間を提供したいものです。

　手洗いの時間に水で遊ぶのは、他の時間にあまり水に触れていないからかもしれません。水遊びを積極的にとり入れるなど、園での生活全体を、見直してみてください。

清潔

うがいを楽しく教えるには

うがいをしているのですが、ぶくぶくうがいもガラガラうがいも、なかなかうまく伝えられません。うがいを上手に教える方法はありますか。

🐻 歯みがきのあと、飲み込んでしまいます

歯みがき後にぶくぶくうがいをさせようとすると、飲み込んでしまいます。

🐻 ガラガラうがいいつから？

ガラガラうがいはいつごろから始めたらいいですか。

🐻 歯みがきを、いやがります

歯みがきをしようとするといやがり、口を開けません。どうすれば口の中を清潔にする習慣がつくでしょうか。

先輩からのアドバイス

☑ 最初は、できなくて当たり前

ぶくぶくうがいも、ガラガラうがいも、目に見えない口の中の動きで、子どもには難しいもの。まずは水を口に含むところから、次に水を吐き出すように……など、ステップを踏んで、ひとつずつできるようになります。

☑ まずは、お手本を

子どもの前で保育者がうがいをして見せたり、年上の子どもがうがいをする姿を見せましょう。
そのうち、子どもが自分から「やってみたい」と思うようになります。

☑ 歯みがきは、習慣づけから

歯をきれいにみがくことを目的にすると、どうしても保育者主導になります。子どもが歯みがきを自分の習慣にできるような援助を心がけています。まずは、食後に歯ブラシを手に持ち自分で口に入れるところから。ただかんでいるだけでも、最初はよしとします。

「できるまで練習」はNG ✗

1歳台で上手にうがいができるようになる子どもは少数です。子どもが自分からやってみようと思える援助をしましょう。

Point　無理をせず、子どものペースで

うがいを教えるのは難しいことです。なぜなら、口の中の動きは目に見えないからです。最初は、口に含んだ水を、そのままぺっと吐き出すことから始めましょう。大人が手本を見せながら、「ブクブクすると、お口の中がきれいになって気持ちがいいね」と、清潔になったことを一緒に喜びます。ガラガラうがいは、口に水を入れたまま上を向かなくてはならないので、怖いと感じる子どもも多いようです。無理をせず、子どものペースに合わせます。ガラガラのときは、「上を向いてアーと声を出す」と伝えると、わかりやすいようです。

清潔援助のポイント

① 清潔であることの心地よさを伝える

1歳児クラスで大切にしたいのは、「自分で」きれいにしようとする意欲を育むことです。清潔になったタイミングで「きれいになったね」「さっぱりしたね」など、保育者が言葉をかけていきましょう。

② 目で見て、自分の手や顔に意識を向ける

鏡を使ったり、汚れたところを指さしたりして「鼻水が出ているね」「お口が汚れているね」と、目で見て確認させます。そのうえでふき取ったり洗ったりすると、清潔の心地よさが視覚的情報によっても確認されて、印象に残ります。

③ 仕上げは、保育者

歯みがきや口ふきは、まだ自分ではきちんとはできません。自分で行ったということを十分にほめながらも、「仕上げはせんせいね」と、最後は保育者がやるという流れを定着させます。

第 3 章

コミュニケーション

「ダメ！」としかっても、なかなか伝わりません

1歳児にどこまでしかっていいのか悩んでいます。動きが活発な子どもがいて、危ないことをしたときには注意をしますが、「ダメ！」と言ってもにこにこして、伝わっていないのではと不安です。

🐻 私の言うことだけ聞きません

子どもが保育者によって態度を変えるようになりました。他の保育者の言うことは聞くけれど、私の言うことは聞きません。

🐻 しかるとき、部屋の外に子どもを出していい？

先輩が、しかるときに子どもを部屋の外に出していました。いいのでしょうか。

🐻 しかるとふざけます

しかると、ますますふざけてしまいます。

先輩からのアドバイス

☑ そのとき、その場でを徹底

危険なこと、他の友だちを傷つけることに関しては、厳しく「いけない」と伝えます。必ず子どもの目を見て、真剣さを伝えます。ただし、そのとき、その場でを徹底しています。時間が経ってからでは、なぜ注意されているのか子どもに伝わりません。

☑ ダメと言わない環境をつくる

1歳児に「ダメ」ばかり言っていたら園が楽しくなくなります。危険なものは遠ざけ、遊ぶときは一人ひとりが集中できるスペースを確保するなど、友達とトラブルになりにくい環境をつくっています。

☑ 部屋の外に出て話す

子どもが泣いたり興奮したりしているときは、一緒に部屋の外に出て、静かな環境で2人でじっくり話します。終わったらぎゅっと抱きしめ、「先生の話を聞いてくれてありがとう」と笑顔で言うようにしています。

「言葉のみに頼る」のはNG

子どもは、言葉よりも大人の表情や雰囲気を見ています。「ダメ」という言葉のみに頼っていては、こちらの真剣さは伝わりません。

Point 雰囲気や表情で、伝える工夫を

自我が芽生え始めた1歳から2歳にかけては、自分の「したい！」「ほしい！」という気持ちでいっぱいになるのが自然です。できるだけ、「ダメ」と言わない保育を心がけたいですね。とはいえ、危険なことや他者を傷つける行為に関しては、毅然(きぜん)とした態度で接することが望まれます。「ダメ」という言葉に頼るよりも、目を見て正面から向き合い、声のトーンも変えて"いつもとは違う"保育者を演出して。「〇〇をしてはいけないよ」と具体的に話します。他の子どもたちから離れて別の場所で2人になるのも有効です。

何にでも「イヤ！」と言います

自己主張が強くなり、何でも「イヤ！」と言うようになりました。なるべくその子どもの思いを受け止めるようにしていますが、クラスのほぼ全員にイヤイヤ期が始まって、こっちがまいってしまいます。どう対応していけばいいでしょうか。

🐻 赤ちゃん扱いをいやがります

なんでも一人でやりたがるようになり、保育者が援助しようとするといやがります。

🐻 かんしゃくを起こします

思い通りにならないと、物を投げたり、壁などに頭をぶつけたりします。

🐻 どこまで本気で「イヤ」？

なにをするにも「イヤ」「イヤ」ですが、どこまで本気でいやがっているのかわかりません。誘い方を変えると、あっさりやってくれることもあります。

先輩からのアドバイス

☑ 成長したことを認める

1歳を過ぎると「自分で何でもやりたい」という気持ちが芽生えるもの。「〜ができるようになったね」「お兄ちゃんになったね」などと、小さなことでも子ども自身が成長を実感できるような言葉と援助を心がけます。

☑ 別の選択肢を提案

とりあえずなんでもイヤと言う子どもには、「そっか、○くんは〜がイヤなんだね。じゃあこうしてみる？」などと、「イヤ」という気持ちを受け止め別の選択肢を提案します。一度気持ちを受け止められたことで、切り替えられる場合もあります。

☑ 一対一で原因を探る

かんしゃくを起こしやすい子どもには、一対一で丁寧にかかわります。今まで自分の思いが通らないことばかりだった子どもと、自分の思いが通らない経験をしたことがない子どもの、2つのパターンがあります。怒りをコントロールする力を育てることをねらいとしながら、子どもが落ち着く移行対象（好きなハンカチやおもちゃ）をすぐに握れるようにしたり、保育者が抱きしめて安心感を与えたりします。

> **「イヤと言わない子がいい子」はNG**
>
> 「○○ちゃんは先生の言うことよく聞いてえらいね」は、1歳児クラスでは賛辞になりません。イヤとはっきり主張することこそ望ましい姿です。

Point 「イヤ」は遊びではないことを伝えながら

まるでブームのように、保育者の言うことにことごとく「イヤ！」と言うことがはやることがあります。子どもにとっては、本気の自己主張というより遊びの一環になっているのでしょう。保育者が困った顔をしたりちゃかしたりすると、子どもはますます楽しくなって、逆効果。面倒でも、一つひとつ丁寧に真剣に受け止め、「これは楽しい遊びではない」ことを雰囲気で伝えましょう。かんしゃくを起こしてひっくり返る子どもは、その拍子に頭を打ってけがをする場合もあるので十分に注意します。

言葉の発達の相談にはどう対応すれば？

1歳8か月の子どもの保護者から「うちの子は言葉が遅いのでは」と相談されました。その子どもはまだ喃語しかしゃべりませんが、大人の言うことは理解しているように感じます。このような場合、どうアドバイスすればいいのかわかりません。

🐻 大人の言うことが、伝わりません
「これ食べる？」「お出かけしようね」などの言葉かけに、ぽかんとしています。意味が伝わっていないようです。

🐻 言葉になりません
なにかを伝えようと、話そうとするのですが、結局言葉にならず、泣いてしまいます。

🐻 しゃべらなくなりました

少し前までよくおしゃべりをしていたのに、最近ぱったりとしゃべらなくなり、心配です。

先輩からのアドバイス

☑ できることを伝える
できないことよりも、できることをたくさん見つけて報告するようにしています。保護者は、自分の子どもが丁寧に見守られていることを感じると、ほっとします。

☑ 保育者の言葉を吟味
こちらの言うことが伝わっていないかも？と思ったときは、自分の使っている言葉を見直すようにしています。「これ」や、具体的にイメージしにくい言葉は伝わりにくいです。

☑ 伝えたい気持ちに寄りそう
なかなか言葉にできない子どもには、「〜したかったんだね」などと代弁をします。ただし、そのままにせず、「Mちゃんも言ってみよう」と声をかけます。

☑ 環境の変化への反応かも
急にしゃべらなくなる場合、環境の変化を推測します。進級時や仲のよかった友だちの引越しなどがきっかけでしゃべらなくなることがあります。家庭では、下の子どもの誕生や両親の不和などさまざまです。ただ、思考力がつき頭の中で考えるようになった結果とも考えられます。

Point　子どもの発達を、丁寧に伝える

　1歳半検診では言語発達についても検査があるので、多くの保護者が気にするテーマです。検診をクリアしていれば特に問題はありませんが、安易な「大丈夫」は禁句です。保護者の心配を受け止め、「園でも注意して見守っていきます」と伝えます。そして、発語はないがこのように意思表示をした、保育者の言葉にこのように反応した、などと、丁寧に報告を重ねましょう。アドバイスをするより、保護者はずっと安心するはずです。それでも保護者の不安が消えない場合は、専門家に相談するなどの提案をしましょう。

言葉より先に手が出てしまいます

友達の持っているものが欲しいと手が出てしまうRくん。取ろうとする拍子に友達の顔に手が当たったり、ひっかいたりすることもあり、トラブルが絶えません。どう声をかけたらいいですか。

🐻 友達を押し倒します

遊んでいるつもりですが、加減がわからず、友達を押し倒してしまうことがあります。

🐻 かみつきやひっかきの　トラブルに発展

言葉でうまく伝えられなくて、かみつきやひっかきになってしまいます。

🐻 「たたいてはいけない」と　言っても伝わりません

「たたいたら痛いから言葉で言おうね」と声かけを繰り返しても、わかってもらえません。

先輩からのアドバイス

☑ 体をのびのびと動かす活動

1、2歳児は力の加減がわからない子どもが多いので、体の大きな子どもが加害者になりやすいもの。体を動かす活動をたくさん取り入れ、力のコントロールの仕方を養います。

☑ 言葉の力を育む遊び

一番の近道は、言葉でのコミュニケーション力が育つこと。暴力はいけないことを根気強く伝える一方で、やりとり遊びや絵本などを大切にしています。

☑ 遊びではないことを真剣に伝える

友だちが泣くのを面白がる子どももいます。その子どもが髪を引っ張ったりたたいたりしたとき、毅然とした態度でこれは遊びではないこと、危ないこと、痛いことはしないと保育者が伝えます。

「自分もやられたらいやでしょ？」はNG

1、2歳児では、他者の立場に自分を置き換えて考える力はまだ未熟です。それよりも、人を傷つける行為をしてはいけないという基本的ルールをしっかり伝えます。

Point　言葉でつなぐ仲立ちを

友達とのかかわりが増えるこの時期。トラブルが多くなるのは、「この子と遊びたい」という気持ちの表れでもあります。保育者が仲立ちとなり、お互いの気持ちをつなげる役割が求められます。トラブルがあった場面では、「ダメ」と伝える前に、その子どもがどんな気持ちでその行為をしたのか、たたかれた子どもがどんな思いをしたかを代弁します。すぐには理解できなくても、悪気なくしたことで友達や保育者がいやな思いをしたという気づきの経験を積むことで、自分の行動に意識が向くようになります。

コミュニケーションにおける発達と援助

発達

1歳前半ごろ

- より好奇心が強くなり、探索活動が活発になる。
- さまざまなことに挑戦し自分でやってみたいという気持ちが強くなったりする。
- 「イヤ」と言い始める。
- 目に入ったものを欲しがるが、こだわりは少なく、他のものを提案すると手放す。

1歳後半ごろ

- 他児に関心をもつ。
- 名前を呼ばれると喜んで返事をする。
- 手や口が出るなど行動で働きかける。

援助

1歳前半ごろ

- 十分に探索ができるように、室内の環境を整えたり、安全な道を選びながら散歩に出たりする。
- 「じぶんで」という意欲を損なわないよう、あたたかく見守る。
- 「イヤ」は自己主張の表れと受け止め、子どもが思いを実現できるよう援助する。

1歳後半ごろ

- 他児と同じ遊びに誘ったり、手をつないだりという機会を増やす。
- 生活の中で名前を呼ぶ機会をつくる。
- かみつき・ひっかきを防止しながら、「〜したかったね」と子どもの気持ちを丁寧に代弁する。

発達	援助
2歳前半ごろ ・新しいことに挑戦したいが、自信がなく躊躇することがある。 ・「みてて」と言うことが多い。 ・自分のもの、自分の場所にこだわる。 ・取り合いの際、別の玩具を代わりに差し出すなど、自分なりのやり方で他児と交渉する。	・やさしく見守り、できた際は「できたね！」としっかり認める。 ・一歩踏み出すことができるよう保育者に見守られていることをアピールする。 ・自他の区別ができる証なので、できるだけこだわりを認める。 ・子ども同士のやりとりの際は、「〇〇くんはこれが欲しかったんだね」などと子どもの気持ちを代弁し、橋渡しをする。
2歳後半ごろ ・順番や交代という概念を理解する。 ・大人が仲立ちとなることで、簡単なごっこ遊びを楽しむ。 ・自分から挨拶をしようとする。 	・「〇〇ちゃんが終わったら△くんが遊べるよ」などと簡単な言葉で、見通しをつけられるように援助する。 ・ままごとではお母さん、お店屋さんごっこでは売り主になりたがるので、皆が満足できるように玩具の数をそろえておく。 ・散歩に出た際に、さまざまな人に挨拶をするようにする。

第3章 コミュニケーション

かみつきが起こったときの対応

【かみつかれた子どもには】
　まずは「痛かったね」「びっくりしたね」など、かまれた子どもの気持ちに共感しましょう。
　傷口は、唾液が残らないように流水でしっかり洗い流します。赤みや青みが残っている場合は、濡れタオルや、タオルでくるんだ冷却材で冷やします。冷やしすぎには注意しましょう。
　かまれた子どもが落ち着いたところで、「○○ちゃんは、〜が欲しくて、がぶってしちゃったんだって」などと、かみついた子どもの思いを伝えます。

【かみついた子どもには】
　まずはその場で、「いけない！」「め！」などと真剣に伝えます。
　その後、「〜したかったんだね」「やりたかったんだよね」などと、かんでしまった子どもの気持ちを、落ち着いた口調で代弁します。
　次に「でもね、△△ちゃん、痛かったって……」などと、かまれて傷の手当てをしてもらっている子どもの様子に目を向けさせます。
　「欲しいときは、ちょうだいって言おうね」「やりたいときは、○○ちゃんも！って言葉で言うといいよ」などと、かみつく以外で思いを表現する方法を根気よく伝えます。

　かみつき・ひっかきは、言葉による自己表現の力がまだ十分に発達していない子どもが、自分の思いを表現するための手段の一つです。健全な発達の証ですが、人を傷つける行為は放っておくべきではありません。保育者が仲立ちとなり、丁寧にかかわりましょう。

☑よくあるかみつきの原因

- 小物、場所の取り合い
- 取られそうになったことへの防御
- 眠い、疲れたなどの体調不良
- 運動不足や、注意され通しなどのストレス
- 仲良くなりたいなどの愛情表現
- 環境の変化によるストレス

かみつきを未然に防ぐポイント

❶ 発生しやすい時間帯や場所を確認

まずは、かみつきが起きた時間帯や場所を記録し、原因を職員全員で分析します。こんな場合にかみつく、と予測ができれば、かみつく前に介入できます。特定の子どもがかみつくことが多い場合は、意識的に観察を。園内研修などでビデオカンファレンスを行うのも有効です。

❷ おもちゃの取り合いが起きない環境に

かみつきの原因として一番多いのは、ものや場所の取り合いです。取り合いがおきないよう、おもちゃやままごとの道具は、同じ種類のものの数を十分に用意したり、一人で集中して遊べるコーナーを複数用意するなど、環境を工夫しましょう。

❸ かんでしまう気持ちを代弁

「これが欲しかったんだよね」

うまく言葉にできない思いが、かみつきにつながります。「かんじゃダメ！」ではなく、「○○ちゃん！」と名前を呼んだり、「これが欲しかったんだね」などと、子どもの気持ちを保育者が言葉にすることで、かみつかずに思いをおさめられるようになります。

言葉の発達をうながす援助

子どもは日々、たくさんの発見をしています。その発見を「先生に伝えたい」「先生にも教えてあげたい」と思うからこそ、指差しや言葉という行為として現れるのです。まずは、子どもの「伝えたい」気持ちを育みましょう。

受け止めて、正しく応える

「ばしゅ！」「ぽっぽ」などの一語文には、「バスだね」「ぽっぽさん、はとがいるね」などと返します。「ばしゅじゃないでしょ」などと訂正すると、「伝えたい」という意欲を損なってしまいます。訂正しなくても、保育者が正しい言葉を繰り返すことで、子どもは学んでいきます。

プラスα、で応える

語彙の数が増えてきたら、次に応えるときに「大きいバスだね」「はとさん、ごはん食べているね」など、ひと言添えて返すことを心がけます。ただし、欲張って難しい言葉や長い文章にしないこと。子どもが自然に、見ているものと言葉を結びつけられるよう、配慮します。

否定の言葉は避ける

1歳児クラスでは「～してはいけない」「～はダメ」などの否定の言葉ではなく、具体的な行動を提案します。例えば、おもちゃを投げ捨てる子どもには「おもちゃはやさしく、そっと置こうね」と言いながら見本を見せます。否定の言葉だけでは、望ましい行動のイメージがわきにくいです。

シンプルな言葉で友だちとのやりとりを

友達とのやりとりで必要になる「かして」「いいよ」などの言葉は、遊びの中で折に触れて伝えましょう。ただし「いいよ」を強要しないように。貸したくないときは「いやだよ」「あとで」などの言葉も使えると知ることで、自分の気持ちを素直に表現する力を育んでいきます。

第 4 章
遊び

初めてのクラスリーダー。うまく活動を進められませんでした

初めてクラスリーダーが回ってきました。先輩にもいろいろ相談にのってもらい準備をしたのに、いざ活動を始めようと子どもの前に立ったら、頭がまっしろになってしまいました。

ある!! ある!!

🐻 週案にしばられます
「子どもの状況を見て柔軟に」と先輩には言われましたが、どうしても週案通りに進めすぎてしまいます。

🐻 室内遊びが続くとネタ切れ
雨や猛暑で室内遊びが続くとすぐネタ切れになります。退屈させているかもと不安になります。

🐻 子どもたちをまとめられません
子どもも私が一番経験が浅いと見抜き、ついてきてくれません。

先輩からのアドバイス

☑ イメージトレーニングで準備

どんな言葉をかけるか、どこでどの道具を出すかなど、手順を徹底的に想定し、本番に備えましょう。

☑ ネタは何度でも使う

子どもが楽しんでいるのなら、ネタは何度使ってもかまいません。飽きたと感じたら、量を増やしたり道具を変えたりと、細部のバリエーションを増やしましょう。

☑ 指導計画はゆるやかに

1歳児クラスなので、柔軟に対応できるよう計画の段階からゆるやかにします。きっちり立てすぎると、「できなかった」ことばかりが目立ってしまいます。

「大声でまとめる」はNG

子どもに自分の指示を通したくて、いつの間にか大声になっていませんか？注目させたいときは手遊びなどを始めたり、あえて小声で話したりと工夫します。

Point 長い目で見て、評価しよう

　友達にも関心が出て、少しずつ「みんなと一緒」を楽しむことが増える1歳児クラス。でも、一斉に一つの活動を楽しむにはまだ無理があります。一斉活動はリーダーの保育者が子どもを誘って行いますが、興味がなかったり、他の遊びがしたかったりする子どものフォローはサブの保育者が担当し、その子どもなりの楽しみ方を尊重しましょう。そして、一日単位で評価するのではなく、週や月単位でとらえることも大切です。「週の前半はあまりのってこなかったけれど、後半は盛り上がった」など、見え方も変わってきますよ。

同じ絵本を何度も読んでほしがります

お気に入りの絵本ができたのか、そればかり読んでほしがります。読み終わると、もう一回、もう一回、とキリがありません。たまには違う絵本も読みたいと思うのですが、これでいいのでしょうか。

🐻 同じ歌をうたってほしがります

同じ歌の特定のフレーズだけをうたってと言われます。

🐻 積み木を積んで崩しての繰り返し

積み木を積んで崩して……を延々と繰り返しています。楽しいのかな？と思いますが、本人は満足そう。

🐻 他の遊びに誘ってもやりません

同じ遊びばかり繰り返しているので、他の遊びに誘ってみましたが、やろうとしません。

先輩からのアドバイス

☑ 一緒に遊んでみる

大人は「この遊び、何が面白いんだろう？」と不思議に思うかもしれませんが、子どもなりの楽しさがきっとあるはず。一緒に遊んでみると、外から見ているだけではわからない楽しさが、見つかるかもしれません。

☑ なぜ好きなのか、考える

その絵本のどこがお気に入りなのか考えます。好きな動物が出てくる、お母さんらしきキャラクターが出てくる、リズムが楽しいなど、理由がわかれば他の遊びにつなげられます。

☑ 崩すのが楽しい時期

積むことよりも、崩したり壊したりするほうが楽しい時期だと思います。1歳児では、音や動きなど感覚を刺激することを遊びとして楽しみます。

Point 「その子なりの意味」を探して

　特定の遊びを好むのは、そのとき、その子どもなりに、心にぴったりとしたものがあるからです。「いろいろな遊びに触れてほしい」と大人は考えますが、まずはその子どもが心ゆくまで存分にその遊びを楽しむことが大切です。子どもは遊びの中で、言葉にならないさまざまな感情を表現しています。壊すことで自分の力の証明をしたり、延々と積み木を並べることで心理的な秩序をかたちづくっていたりするのです。大人は一人ひとりの遊びを見守り、「することが見つからなくて退屈そう」という姿が見えたタイミングで、新しい遊びを提案しましょう。

一人で遊んでいるときは、放っておいてもいいのでしょうか

まわりに他の子どもがいても、一人で積み木を積んで遊んでいます。本人は楽しそうですが、こういうときは保育者が声をかけたり一緒に遊んだりしなくていいのでしょうか。

🐻 声をかけても無視されます

一人遊びの子どもに「先生も一緒にやっていい？」と声をかけてみたのですが、反応がなく、少し落ち込みました。

🐻 友達と遊びたがりません

他の子どもたちが遊んでいるところに、「○○くんも一緒にやらない？」と声をかけましたが、いやがります。

🐻 周囲に興味がなさそうです

一人で同じ遊びをして、他のことに興味がなさそうです。気をつけたほうがいいことはありますか。

先輩からのアドバイス

☑ 邪魔をしない

一人で黙々と遊んでいたら、邪魔をしないように気をつけます。一人遊びも、発達のために大事なことです。

☑ 目だけは置いておく

子どもが顔をあげて保育者を探した際にすぐに応（こた）えられるよう、視線だけは注ぎ続けます。子どもは黙って遊んでいても、「できた！」「みてた？」とか、「困った」というときに表情で表します。

☑ 最適なポジションは「斜め後ろ」

子どもの遊びを邪魔しないよう、子どもの斜め後ろに座り、子どもの気持ちが動いたタイミングで声をかけるようにしています。

> 「遊びをリードする」はNG✕
>
> 「一緒に遊んであげなければ」と思い込んでいませんか？ 子どもの世界へ無神経に入っていかないよう、気をつけましょう。

Point 「見守ること」も保育の技術

1歳のころは、存分に一人遊びを楽しめる環境が必要です。一人の世界を尊重された子どものほうが、その後友達の世界も尊重できるようになるのです。周囲への関心はもう少し後になれば自然と現れてきますから、急がず見守りましょう。見守ることは、保育をさぼることではありません。遊んでいる子どもをしっかり観察し、必要とされる場面では的確に応答します。また、その子どもの遊びを深めたり発展させるためにはどのような環境の工夫ができるかも考えます。「見る」という行為の中でも、さまざまな保育の技術が試されているのです。

水遊びを、いやがります

水が怖いようで、水遊びをいやがる子どもがいます。水に親しんでほしい、水の楽しさを知ってほしいと思うのですが、どう誘えばいいでしょうか。

ある!! ある!!

🐻 水が顔にかかるのがいや

お風呂やシャワーなどで水が顔にかかるのもいやがります。当然、水遊びでのプールも怖がります。

🐻 砂や土が手に触れると泣きます

園庭で砂や土が手に触れただけで、泣いてしまう子どもがいます。

🐻 外遊びがいや

園庭や砂場での外遊びをいやがり、誘っても外に出ようとしません。

先輩からのアドバイス

☑ できることから少しずつ

手洗いならOK、とか、洗面器に張った水くらいならOK、とか、OKラインが一人ひとりにあるはず。その子どもなりのOKラインを見つけて、徐々に慣らしていきます。

☑ 顔にかからないように

水が顔にかかることをいやがる子どもを、無理に慣らそうとはしません。プールや水遊びのときはタオルを手近に置き、濡れたらすぐにふきとれるようにスタンバイ。タオルがあるとわかると、子どもも安心するようです。

☑ さまざまな感触に、慣れることから

砂の感触は結構強烈ですし、手につくのをいやがる子どもも多いです。保育の中でさまざまな感触を楽しむ環境をつくり、少しずつ、ざらざらやべたべたしたものに移行できるように配慮しています。

「無理に触らせる」のはNG

水や砂の感触に慣れていない子どもに無理に触らせようとすると、かえって怖がり、心の傷になってしまう場合もあります。

Point　無理せず、その子どもの感覚を大切に

　水の感触、濡れた手の感触、飛沫、水面の揺らめき……。子どもが水のどの側面に抵抗感があるのかを探ることから始めてみましょう。

　感触が苦手なら、ジョウロやコップなど、手で触らなくても水に触れられる道具を用意します。水面の揺れが怖い子どもには、いきなり大きなプールへ入れるのではなく、小さな洗面器などで遊ぶことから始めましょう。感覚が敏感な子どもには小さな刺激もストレスになることがあるので、一人ひとりの子どもの様子をよく観察し、無理なく楽しむことが大切です。

遊びに集中できず、他の子どもの遊びを邪魔します

すぐ興味が他にそれ、遊びに集中できないKくん。遊びに飽きると他の子どもの活動を邪魔するので、手を焼いています。どうすればみんなで集中して遊べるでしょうか。

ある!! ある!!

🐻 他のクラスに乱入
遊びに飽きて、勝手に0歳児クラスに入っていき、あわてて迎えにいきました。

🐻 保育室の玩具に飽きています
保育室にある玩具がずっと同じなので、遊んでいても楽しくないようです。

🐻 午後に集中できなくなります
午前中は比較的穏やかに過ごしますが、午後になると疲れてくるのか、遊びが崩れてきます。

先輩からのアドバイス

☑ 環境を見直す

興味が他にそれがちな子どもには、保育室の刺激が多すぎるのかもしれません。一度にたくさんの情報が入ってこないように、区切った空間をつくってみます。

☑ 友達と仲良くなりたい

友達の遊びの邪魔をするのは、他者への関心が芽生えてきた表れかもしれません。うまく言葉にできない子どもの気持ちを代弁しながら、子ども同士の仲立ちをします。

☑ 定期的に玩具を出し入れ

玩具の年間計画をつくっています。園にある玩具を一度に全部出すのではなく、発達や季節に応じて出し入れし、いつでも新鮮な気持ちで遊べるようにしています。

「邪魔しちゃダメ！」はNG

本人には邪魔をするつもりはないかもしれません。なぜそのような行動になったのか、その子どもの意図を考えてみましょう。

Point　視点を変えれば子どもの姿も違って見える

「集中できない」は裏を返せば、「好奇心旺盛」ということ。ちょっと見る目を変えるだけで、困った行動も違って見えてくるかもしれません。2歳前後は、友達への関心も芽生えるころですが、どうかかわったらよいか、どうすれば仲良くなれるかわからず、ときに攻撃的な行動にでることも多いのです。

保育者は壊したり邪魔したりという行動が現れる前に、「一緒に遊びたいね。これを持って行ってあげたら？」などと、言葉を介して子ども同士の仲立ちになるよう心がけましょう。

おもちゃの扱いが、乱暴です

人形の髪を持って引きずったり、振り回したりと、おもちゃの扱いが乱暴なNちゃん。みんなで使うものだから大切に扱ってほしいのですが、なかなか伝えるのが難しいです。

ある!! ある!!

🐻 おもちゃを口に入れます
おもちゃを口に入れようとしたり、なめようとする子どもがいます。

🐻 絵本を破ります
絵本を楽しそうにビリビリに破いてしまいました。

🐻 おもちゃを壁に投げつけます
おもちゃを壁に投げつけて、ぶつかる音を楽しんでいるようです。「投げてはダメ」と言っても効果がありません。

先輩からのアドバイス

☑ おもちゃが痛いって泣いてるよ

子どもがおもちゃを投げたりぶつけたりしたら、「いたっ！」と保育者がおもちゃになりきり、おもちゃの気持ちを代弁します。

☑ お手本を見せる

「乱暴に使うなら、しまっちゃいます」ととり上げても、解決にはなりません。大事にするとはどういうことか、保育者がお手本を見せます。

☑ 1歳まで絵本は保育者がとる

絵本は、少し高い本棚に並べ、子どもが読みたがったときに保育者がとり、読み聞かせています。絵本を自由に手に取って読むのは、2歳児クラスから。1歳児クラスで「絵本は大切なもの」と理解しておくと、2歳児クラスで絵本を乱暴に扱わなくなります。

☑ 「危ないよ」と伝える

おもちゃを口に入れる子どもには、危ないということを伝え、やめさせます。0歳児クラスと違い活動量も多いので、おもちゃを口に入れて動き回っていると誤飲や突き刺さりの危険があります。

Point　大人がまずお手本に

　なめたり投げたりしてもOKだった0歳児クラスから1歳児クラスになると、適切な物の扱い方を身につける段階に入ります。ボールは投げてもいい、でも積み木はダメ。新聞紙は破いていい、でも絵本はダメ。一つひとつ、わかりやすく伝えることが大切です。そのためには、大人がまずモデルとなること。片づけのとき、物を移動させるときは、美しく丁寧に扱います。大人の姿を子どもは見ています。子どもは大人の仕草から、何に価値があり大切なものなのかを読み取るのです。

転倒してけがをしないか、心配です

まだ歩行が不安定な子どもも多く、遊んでいて転倒したり、けがをしたりしないか、心配で目が離せません。よい対策方法はありますか。

🐻 子どもの後ろを ついて回っています

頭をぶつけないか心配で、転倒しやすい子どもの後ろをずっとついて回り、他の子どもに目が行き届かないときがあります。

🐻 歩く力を 発達させるには？

他の子どもと比べて歩くのが遅い子どもへ、どのようにかかわればいいのか知りたいです。

🐻 歩行の発達に差があります

歩くのが速い子どもと遅い子どもがいて、一緒に遊んでいるとぶつかりそうになることがあります。

先輩からのアドバイス

☑ 歩行の発達で、エリアを分ける
動きの速い子どもとぶつかって転倒するのが一番怖いので、歩行が不安定な子どもはエリアを区切って遊んでいます。

☑ はだし保育を導入
歩行が不安定な子どもは、ホールなどで思いきり歩くことを楽しませます。その際、はだしになると足裏に力が入る感覚が得やすくなりますよ。

☑ 遊びの中で足腰を強化
すぐ転倒するのは、足腰の力が発達していないから。足腰の力を育む押し車や、バランス袋などのおもちゃを取り入れます。

☑ マットでゆらゆら
マットを敷き、あえて不安定な足元をつくりミニアスレチックで遊びます。転んでも痛くないし、歩くだけでバランス力の強化につながります。

Point 楽しみながら「歩く力」を引き出す

　歩行の発達は個人差が大きく、活発に走り回る子どもとまだ歩くのも不安定な子どもが同居するのが1歳児クラスの特徴です。走り回る子どもにぶつからないよう注意ばかりするのも、不安定な子どもにハラハラするだけなのも不適切な保育ですから、活動量によって部屋を区切るなどの工夫が必要です。そのうえで、歩行の安定をねらった活動を取り入れましょう。転倒をむやみに恐れるのではなく、転倒した際にけがをしない安全な環境をつくることもポイントです。

遊びにおける発達と援助

1歳前半ごろ

　手を使って物の変化を楽しみます。ふたを開ける、ひっぱる、穴に入れる、積むなど、さまざまな手の動きに対応できるおもちゃを用意しましょう。なぐり描きは、自分の手の動きの痕跡が見えるところが楽しみのひとつ。この時期は、芯が折れずに線もくっきり出る水性ペンがぴったりです。

1歳後半ごろ

　手指の力が強くなり、思い通りに動かせるようになると、洗濯ばさみやスナップなど少し難しいものにもチャレンジします。子どもがイメージをもって遊べるように工夫を。体のコントロールも上手になるので、目標に向かってボールを投げたり転がしたりという遊びも楽しめます。

2歳前半ごろ

　イメージをもって積み木で遊ぶようになるので、イメージが膨らむような材料を用意します。動物や人の形の積み木で「動物園」、乗り物の積み木で「線路」など。
　ごっこ遊びでは、ただ料理の仕草を模倣した1歳台とは異なり、「焼きそばをつくる」「ケーキを作る」などイメージが具体的になるので、そのイメージを具現化するための道具や材料を用意します。

2歳後半ごろ

　触ると形が変わる素材は、子どもの有能感を育みます。手指の力もつくので、この時期の子どもが自分の力を発揮できる素材を選びましょう。
　ごっこ遊びでは衣装や道具からイメージを膨らませて友達と共有するようになります。大人が実際に使うものと近い道具や衣装にすると、イメージもより膨らみます。

遊びに集中できる環境の工夫

「動的な遊び」のエリア

- くぐる、よじ登る、すべるなど、多様な動きができる
- 走り回るような広いスペースはつくらない

活動量に個人差がある1歳児クラス。「動的な遊び」と「静的な遊び」でスペースを使い分けましょう。また、子どもは狭くて潜り込める場所が大好きです。子どもから外は見えないけれど、大人からはある程度見える、隠れ家のような「すきまコーナー」を用意しましょう。

「静的な遊び」のエリア

- 並べたり、積んだりする構成遊びができるよう、床がフラットな場所に
- つまむ、入れる、はめるなど手指を使う遊び。立ったまま遊べる高さのテーブルがあるとよい
- ままごとコーナーはお料理スペースで取り合いが起きないよう、コンロやまな板を多めに。
- 寝転がったり、絵本を読んだりする場所は、まわりからは少し閉じた空間に

第 5 章

季節と行事

新しい環境に慣れるようにしたい

4月は、ほとんどが新入園の1歳児クラス。新しい環境に慣れずに泣く子どもや、緊張している子どもばかりです。慣れない時期でも安心できるようにしたいのですが、うまくいきません。

🐻 1歳の担当が初めて

こちらも3歳未満児を担当するのが初めてで、ちゃんとお世話できるかどうか不安でいっぱいでした。

🐻 早く信頼関係をつくりたい

保護者とも子どもともまだ信頼関係が築けていない中での保育が難しいです。早く打ち解けてもらう方法はないでしょうか。

🐻 春はとにかく落ち着きません

午前睡する子ども、一日中泣いている子ども、新しく入る保護者への対応など、毎年5月ぐらいまでは落ち着きません。

先輩からのアドバイス

☑ 毎日決まったエプロンで

「くまさんの先生」と親しみをもってもらうために、同じ色柄のエプロンを3枚購入。毎日同じエプロンをつけました。登園時にくまに触る子どもが多く、早く慣れてもらうのに一役買ったなと思っています。

☑ 子どもでも、まずは挨拶から

私も子どもも緊張していましたが、まずは「はじめまして」と挨拶。しゃがんで目線を合わせ、「これから1年、よろしくね」と声をかけたら、顔に触ってきて、一気に緊張がほどけました。

☑ 新しい出会いの時期ととらえる

春はどうしても落ち着かない時期。でも、新しい出会い、新しい挑戦の時期でもあります。できないことを気に病むのではなく、この時期ならではの楽しさを見つけるようにしています。

「早く慣れてとあせる」はNG

新しい環境へのなじみ方は、子ども一人ひとりで異なります。時間がかかることを悪いと決めつけず、その子どもなりの適応の仕方を大切にしてください。

Point 「いつもと同じ」が大切

0歳児クラスから持ち上がりの子どももいますが、ほとんどが新入園の1歳児クラス。新しい環境に一日も早く慣れるためには、毎日同じ環境をつくることが大切です。同じ保育者、同じ場所、同じおもちゃ、同じ布団……。物的環境だけでなく、日課もできるだけ変化をつけず、子どもが見通しをもてるように流れを固定します。いつも同じでは楽しくないと思わず、環境に慣れて好奇心いっぱいに探索するようになったときにこそ、変化を取り入れてください。

第5章 季節と行事

雨が続く時期の楽しみ方がわかりません

歩けるようになった喜びにあふれる1歳児クラスの子どもたち。梅雨の時期は散歩に行けず、部屋の中でうろうろするだけになります。雨の中散歩に出かけるのも、準備や安全管理などハードルが高いです。

ある!! ある!!

🐻 雨の日の遊びのレパートリーがありません
室内遊びのレパートリーが少なくて、毎日同じ遊びばかりになります。退屈させているかもと不安です。

🐻 運動不足が心配です
せっかく歩けるようになったのに、室内にいるばかり。室内で運動できるよい方法はありますか？

🐻 子どものストレスを解消するには
雨の日は狭い部屋にいなければいけないので、子どもがなんとなく不機嫌です。雨の多い時期に、ストレスを発散させる方法はありますか？

先輩からのアドバイス

☑ 運動不足にはマット遊び
足元が不安定なマットの山をつくります。ゆらゆらするところをあえて歩くのが面白いようです。ただし、子ども同士ぶつからないように配慮が必要です。

☑ ホールでリズム遊び
ホールで楽しい音楽をかけ、自由に踊ったり、体を動かしたりします。子ども向けのテレビ番組から1歳児でも楽しめる音楽を探してくると、反応がいいです。

☑ あえて雨の日の散歩
園の目の前に公園があり、よく遊びますが、雨の日は一般の利用者がいないので貸切状態です。ただし、遊具などは雨で滑るので使わないようにします。

☑ レインコートと長靴は常備
「雨の日も戸外遊びをします」と保護者に伝えてあるので、園には一人ひとりのレインコートと長靴が置いてあります。雨の日に災害に遭遇する場合もあるので、雨の中の避難に慣れてほしいという思いもあります。

Point 雨の園庭に、飛び出そう

　雨の中、園外に出かけるのはハードルが高いですね。でも、園庭ならどうでしょう？　レインコートを着て、長靴を履いて、水たまりができた園庭を探索するのは、楽しい経験になるでしょう。水たまりにバチャバチャ入ってしぶきをあげたり、葉っぱの上にたまった水を触ってみたり、雨の日の園庭は楽しいことがいっぱいです。トトロのように保育者が木を揺らして、水滴のシャワーを浴びるのもいいですね。雨だからとあきらめず園庭に飛び出してみれば、楽しみ方はきっと子どもたちが見つけ出すでしょう。

水遊び、マンネリ化しています

夏の水遊びのレパートリーがありません。いつも同じ道具、玩具になってしまい、遊びの広げ方もわかりません。どうしたらもっと楽しい水遊びにできるでしょうか。

ある!! ある!!

🐻 楽しそうにはしているけど
夏のプールの時間、なんとなく水に触るだけで、楽しそうですが、これでいいのか不安です。

🐻 なかなか全員が参加できません
水遊びはその日の体調などで全員が参加できないこともあります。

🐻 おむつがとれない子どもはプールに入れていい？
1歳児クラスには、まだおむつが外れていない子どもがいるのですが、プールに入れてもよいのでしょうか。

先輩からのアドバイス

☑ ビニールプールから離れる

水遊びをすべてビニールプールに水をためることから始めてしまうと、遊びもマンネリ化します。ときにはホースでシャワーをつくり、子どもにかけて遊びましょう。虹ができたら子どもも大喜びです。

☑ プール遊び、これだけはおさえて

1歳児クラスではまだ全員が排泄の自立を完了したわけではないので、大きいプールに皆で入ることは基本的にしません。排泄が自立していない子どもには個別のタライを用意します。また、全員、水遊びの前後にシャワーで体を洗ってきれいにします。

☑ 木陰で1人用の水遊びタライ

体調が万全ではないけれど室内で安静が必要というほどではない子は、衣服をつけたまま木陰で1人用のタライで水遊びができるように援助します。ボートを浮かべたり、ジョウロやコップで水をくんだりして遊びます。

☑ 広げたいときは、サイズアップ

遊びがマンネリ化してきた、と思ったら、使う玩具をサイズアップしてみて。バケツ、ジョウロなどが大きくなることで、より重い水を扱うチャレンジへとつながります。

Point　水に触れるだけでも「水遊び」

　1歳児クラスの水遊びでは、まず水にたくさん触れて、冷たさや感触を十分に楽しんでほしいもの。大人から見ると「ただ水に触れているだけ」でも、子どもは水を味わっています。あまりいろいろな提案をせず、安心できる環境でその子どもなりの水の楽しみ方ができるように援助しましょう。変化をつけたいなら、ちょっと高いところから水を流し落として小さな滝をつくる、プールの中で流れをつくって、カラーボールや船を浮かべるなど工夫してください。水の流れを手や足で感じて、「不思議だなあ、面白いなあ」と感じるかもしれません。

運動会や発表会。1歳児の演目に悩みます

1歳児の運動会や発表会、何をしていいか悩みます。そもそも集団で何かをすることが、まだ難しいと思うのですが、保護者も楽しみにしているので、やらないわけにもいかず……。

ある!! ある!!

🐻 発達が違いすぎてまとめられません

1歳児は発達が違いすぎて、みんなで一緒に行事に取り組むのが難しいです。

🐻 行事のアイデアが思いつきません

保育の経験が浅くて、運動会や行事のアイデアが出てきません。

🐻 1歳で練習はできるの？

好きなときに好きなことに取り組むのが1歳の自然な姿。発表をするためには練習が必要ですが、そもそも練習が成り立ちません。

先輩からのアドバイス

☑ いつもうたっている歌を

保護者を円形に座らせ、真ん中に子ども。いつもうたっている歌をうたったり、手遊びやダンスを披露したりしました。

☑「一緒に遊ぶ会」を企画

何かを発表するのは不可能なので、「パパ・ママと一緒に遊ぶ会」を企画しました。園庭で、ゴール地点に保護者が立ち、子どもが保護者の元へ走って抱き止めてもらうレースは特に好評でした。

☑ 保育方針を保護者とも共有して理解を

1歳、2歳の自我が芽生えはじめる時期は、自分の好きなこと、やりたいことに没頭することが大切だと伝え、保護者の理解を得ています。そのため、発表会や運動会へ1歳児クラスが参加しないことに、クレームがきたことはありません。

☑「子どもが楽しめること」を核に

行事の演目は、「子どもが楽しめること」を核に考えています。1歳児にセリフを無理に言わせたり、座るように強いたりはしません。

> **Point** 日々の子どもの姿を見てもらう
>
> そもそも集団で一つのことに取り組む年齢ではありません。
>
> 思いきって発想を変え、何か特別なことをするのではなく、ふだんの遊びの姿を見せるようにするのも1つの方法です。大勢の見知らぬ人がやって来ると子どもの負担になるので、クラスの保護者だけを誘い、「発表」ではなく、子どもの成長を共に楽しむ機会ととらえます。保護者と一緒に、保育室の中にかくれんぼを楽しむ環境をつくったり、小麦粉粘土で遊んだり、自由な発想で行事を企画してみましょう。

行事の進行が、不安です

人前で話すのが苦手です。行事当日はたくさんの人の前で話をしなければならず、行事のことを考えると緊張で眠れなくなります。

ある!! ある!!

🐻 行事の準備、時間がかかります

演目を決めたり、道具や備品を用意したり、段取りを調整したり……不慣れなこともあり、とにかく時間がかかります。

🐻 ピアノの伴奏を任されました

発表会で、ピアノの伴奏を任されました。弾けないことはないのですが、あがり症なので、誰かに代わってもらいたいです。

🐻 出し物が苦手なのに

人前で何かをするのが苦手なのに、保育者だけで出し物をすることになりました。発表会のことを考えると、ドキドキしてしまいます。

先輩からのアドバイス

☑ 前年度の担当者から情報を引き出そう

1人で一から準備しようとしたら、どれだけ時間があっても足りません。去年の担当の保育者に、どんな準備をどの時期に行ったかをたずね、自分なりにタイムスケジュールをつくっておきます。

☑ 保育者の出し物では子どもの顔を思い浮かべて

保育者による劇は、毎年子どもたちの楽しみな演目です。上手にやろうとせず、子どもたちに楽しんでもらえることを目指して本番に臨みましょう。

☑ 子どものことを思えば緊張していられない

発表会は、子どもたちが大勢の人の前でチャレンジする舞台。伴奏の保育者より、子どもたちのほうがずっと緊張するはずです。それを考えれば、大人が緊張している場合ではないと思えますよ。

☑ 「子どもの前」とイメージする

結局、保護者も来るから緊張するのですよね。子どもたちの前では日ごろ緊張せずに手遊びや歌をうたっているはずですから。保護者も子どもとイメージすれば、緊張も和らぐのでは。

Point　去年のビデオを参考に

　行事の進行を任されるのは周囲の人たちに頼りにされている証です。まずは、前年度のビデオを見ることです。これで全体の雰囲気をつかみ、使えそうなところはメモしてまねましょう。そのうえで、今年の演目に合う言葉を考え、台本に加えていきます。あとは、声に出して言ってみましょう。回数を重ねることで、自信がつき、落ち着いた心で本番を迎えることができます。心細くなったら、楽しく取り組んでいる子どもたちのことを思い浮かべて、子どもたちが立派に発表できるよう自分の役割を果たしましょう。

冬場の感染症の広がりを防ぐ方法が知りたいです

インフルエンザや胃腸炎がはやる季節。子どもたちが元気に過ごせるようにするには、どのようなことに配慮したらいいですか？

🐻 暖房すると、風邪をひく子どもが増えます

暖房をつけると、部屋を締めきりにし、乾燥するせいか、風邪をひく子どもが増える気がします。

🐻 元気のない子どもが安心して過ごすには

休むほどではないけれど、風邪気味で、ちょっと元気がない子どもが静かに遊ぶ工夫はありますか。

🐻 ちょうどいい環境がわかりません

動き回る子どもたちにとって、どのくらいの暖かさがちょうどいいのかわかりません。

先輩からのアドバイス

☑ 自治体の感染症予防マニュアルに沿う

厚生労働省の「保育所における感染症対策ガイドライン」や、自治体が作成した感染症予防マニュアルに沿って、園で対策をしています。それらによると、冬場の加湿はとても重要です。

☑ 元気がない子どもが、すぐ休める環境を

疲れたらすぐもたれてゆったりできるように、クッションなどで部屋の片隅にコーナーをつくります。適度についたてなどで仕切り、活動量の多い子どもたちのエリアとは区切ります。

☑ 鼻水をふいたら手指消毒

子どもの鼻水をふいたら、そのつど手指を消毒しています。そのまま他の子どものお世話をして菌をうつさないためです。毎日おもちゃの消毒もします。

☑ 大人の「寒い」に合わせない

冬場の保育室の室温は、20〜23度で湿度約60％が最適だそうです。大人は上着を着ないといられませんが、子どもは走り回っているので大丈夫。大人を基準にしないようにします。

Point ガイドラインに従って、衛生管理を

　感染症対策として重要なのは手洗いうがいという予防策ですが、1歳児クラスではまだこれらの生活習慣は完全には身についていないでしょう。そのため、保育者がしっかり環境を整える必要があります。厚生労働省のガイドラインによれば、保育室内の衛生管理について以下のような記載があります。
①適切な室温湿度の保持と換気　②冷暖房機・加湿器の清掃　③歯ブラシやタオル、コップなどの貸し借りはしない　④玩具、遊具等の衛生管理　⑤ドアノブや照明のスイッチ等頻繁に手に触れる部分は水ぶきの後アルコール消毒　など。

節分の鬼に、泣き叫びます

節分の鬼を怖がって、毎年、泣き叫んでいる子どもが何人かいます。こんなに怖がらせていいのか疑問に思います。まだ節分の意味もわからない1歳児を泣かせてまで参加させる必要があるのでしょうか。

ある!! ある!!

🐻 かぶりものや人形も怖がります

かぶりものもお面も人形劇の人形も、なんでも怖がって泣く子どもがいます。サンタクロースにも泣いていました。どう対応したらいいですか？

🐻 獅子舞や節分の鬼、おどしでは？

節分の鬼や獅子舞、子どもにとってはおどしではないかと思うのですが……。

🐻 楽しい行事だけでいいのでは？

まだ何もわからない1歳児には、クリスマスなどの楽しい行事だけでいいと思うのですが。

先輩からのアドバイス

☑ 不必要に怖がらせない

1歳児クラスでは、人の顔が見えないのに動くものには恐怖や不安を感じるものです。不必要に怖がらせないよう、保育者の顔が見えるようにお面をかぶるなど、工夫しました。

☑ 怖がっているときは、ぎゅっと抱きしめる

怖くて泣く子どもは、保育者がぎゅっと強く抱きしめます。そうすることで少し心が落ち着いて、怖いもの見たさでちらちら見るようになります。

☑ いろいろな感情を体験してほしい

園が楽しい場所であることは基本ですが、その楽しさを損なわない範囲でいろいろな感情を体験してほしいと思います。不安、葛藤、緊張、恐れ、怒り……たくさんの感情があって、心を育てるのだと思います。

「鬼がくるよ！」はNG

「食べないと鬼が来るよ！」「早く寝ないと鬼さん呼ぶよ」は、おどしです。子どもをおどして言うことをきかせるために節分の行事を行うのではないと胸にとめておきましょう。

Point　賛否両論、正解はない

　節分の鬼には賛否両論があるようです。どちらが正しいということではなく、自園の保育で何を大切にしたいのかによります。個人的な意見ですが、私は節分を子どもたちに経験してほしいと考えています。恐ろしいできごとに遭遇したとき、大好きな保育者に守られ気持ちを立て直す経験は、子どもの情緒の発達にとって必要だからです。また、日本の文化が「鬼」という人間を超えた存在に託した意味は、たとえ1歳児であっても感じとることができるでしょう。皆さんも、園内で意見を交わし合ってください。

1歳児クラスで楽しめる行事の活動

素晴らしい製作物を完成させることが目的ではありません。いつもとは違う行事の活動を通じて、季節の変化や節目を感じ、文化に触れることを目指しましょう。

春 こいのぼり製作

タンポに少量の絵の具をつけて、色画用紙に自由にスタンプ。保育者が鯉の形に切り取り、目をつけてできあがり。

夏 かき氷屋さん

シロップは子どもが自分でかけます。室内で行う場合はビニールシートを敷きます。子どもがスプーンを口にくわえたまま歩き回らないように注意。

秋 おイモの会

イモ掘りができない場合は、ふかしたサツマイモで。皮をむいたりおイモを丸ごと食べる新鮮さを体験します。1、2歳児には十分に冷ましたものを。喉への詰まりには注意。

冬 年賀状

折り紙をちぎって年賀状サイズより大きめの画用紙にペタペタと貼ります。和紙や毛糸などを使うと雰囲気がでます。園で撮った子どもの写真を一緒に貼ると、保護者も喜びます。

第 6 章

保護者との連携

経験が浅いからか、信頼されていないようです

まだ若く、経験年数も浅いからか、保護者から信頼されていません。子どものことで大事な相談があっても、担任の私ではなく、先輩保育者を指名されます。仕方ないこととはいえ、なんだか落ち込んでしまいます。

🐻 私を飛ばして園長へ相談
担任の私抜きで、保護者が園長と深刻な相談をしている姿を見かけました。ショックです。

🐻 男性保育者だから、といやがられます
「男性保育者が担任なのはいやだ、担任を変えてほしい」と保護者からクレームがありました。真面目にやってきたのに、悔しいです。

🐻 「あなたには、わからない」
保護者から「○○先生は子どもを産んだことないから、わからないでしょ」と言われました。そう言われてしまうと、黙るしかなくなります。

先輩からのアドバイス

☑ 保護者が気をつかっているのかも

担任保育者はいつも忙しそうだし、長話で保育の邪魔になってはいけないからと、保護者が気をつかっているのかもしれません。信頼されていないと思いこむ必要はありません。

☑ 「いろいろ教えてください」

「子どもがいないから、わからないでしょ」と言われたら、「出産は未経験で……。いろいろ教えてください」と笑顔で返します。話を聞いてほしいだけかもしれません。

☑ 気持ちをいったん受け止める

男性だからという理由で拒否反応を示す保護者の気持ちは、いったんそのまま受け止めます。園長などに入ってもらい、保育の仕事に男女の区別はないことを丁寧に伝えましょう。男性であることは自分の非ではないので「すみません」などと謝る必要はありません。

「話しかけにくくなる」はNG

信頼されていないとわかったときこそ、あえて積極的に話しかけます。これまでコミュニケーション不足だったからかもしれません。

Point 落ち込まず、日々の積み重ねを

大事な相談をするとき、あえて新人を選ばないのが普通の感覚です。反対に、キャリアを積み重ねても相談してもらえないほうが問題です。「若いうちはこれも仕方ない」と開き直って、落ち込まず受け流しましょう。そして、日々のやりとりの中で信頼してもらえるような努力を積み重ねることです。丁寧に子どもの様子を伝える、保護者を気づかう、そういう積み重ねの中で、「この先生は若いけれど、一生懸命だし誠実で、信頼できる人だ」と感じてもらえるでしょう。

子ども同士のトラブル、どう伝えればいい？

まだ言葉で上手に意思を伝えられないため、友達にかみついたりひっかいたりすることがあります。かみついた子ども、かみつかれた子ども、双方の保護者への適切な伝え方が知りたいです。

🐻 トラブルがあった相手の名前を聞かれます

言い合いのけんかがあったことを保護者に伝えると「相手は誰ですか？」と聞かれました。こちらから、子どもの名前は言わない決まりになっているのですが……。

🐻 けがをさせた側の保護者が逆ギレ

友達にけがをさせたことを伝えると「どうして止めてくれなかったんだ」と激高されました。

🐻 けんかで大泣き。伝えた方がいい？

友達とけんかをし、大泣きした子ども。けがをしたわけではないのですが、これも保護者に伝えるべき？

先輩からのアドバイス

☑「私たちの責任なので」

トラブルがあった子どもの名前を聞かれたら、「〇〇ちゃんにけがをさせてしまったのは、目を離した私たちの責任で、相手の子が悪いのではないので」と説明します。

☑ 子どもにとって大きなできごとは伝える

けがをする・しないにかかわらず、子どもにとってそれが重大なできごとであった場合は保護者にきちんと伝えます。

☑ 加害者の保護者にも謝罪

保護者は、自分の子どもがけがをさせられたときより、させてしまったときのほうがショックが大きいものです。園で止められなかったことに関しては、「申し訳ありませんでした」と謝罪するしかありません。

☑ かみつきを防ぐ具体案を伝える

「これから気をつけます」ではなく、「状況を分析して、このようなことがないように対策を立てます」と伝えます。園全体で検討会を開き、具体策が固まったら保護者にも報告します。

Point 結果ではなく、プロセスを丁寧に伝える

まず傷を負った場合は、園で起きたけがは園の責任なので「防ぐことができず、申し訳ありませんでした」と謝罪します。加害者側に対しても同様に謝罪が必要です。けがに至らなかったトラブルの場合は、「自分の思い通りにならないことを経験しながら、折り合いをつける力を身につけていきます」などと、発達と絡めて説明するとよいでしょう。大切なのは「けんかが起きた」ということではなく、どのような経緯でトラブルが起き、どのように解決したか、ここで子どもは何を学んだかというプロセスを伝えることです。

連絡帳やおたよりを読みません

行事の予定や園の様子をおたよりに詳しく書いていますが、なかなか読んでもらえない保護者がいます。そのため、その子どもだけいつも忘れ物が多く困っています。

🐻「おたより、もらってない」
「おたよりに書きましたが」と言うと、「そんなのもらってない」の一点ばり。全員に確実に配布しているはずなのですが……。

🐻 連絡帳を書く人と、お迎えの人が別
連絡帳を書くのは母親だけど、お迎えは祖父母という家庭。家庭の中でうまく情報共有していないようで、忘れ物などが目立ちます。

🐻 返事がなくて不安
連絡帳に、その子どもの園での様子や成長の記録を書いていますが、保護者から返事がありません。読んでいるのか不安です。

先輩からのアドバイス

☑ 連絡帳に、付箋で持ち物連絡を

お迎えの人に「明日の持ち物」を伝言しても忘れがちな家庭には、連絡帳に付箋をつけておきます。子どもの準備をする人に連絡事項が確実に伝わるよう、必要であれば電話も使います。

☑ 大事なことは掲示でも

おたよりだけに頼るのではなく、送迎時に確実に目に入るような場所に掲示をします。「詳細は○月のおたよりをご覧ください」などとひと言添えると、おたよりも読むようになります。

☑ 保護者の声も、取り入れる

「先日○○さんから質問があった1歳児に人気の食事について、今月のおたよりに書きました」など、保護者との会話の中で出た話題を取り入れます。

「おたよりに書きましたが」はNG

書けばよいというものではありません。内容が伝わらなかったのなら、伝え方が悪かった可能性があります。どのように伝えるのが一番よいのか、工夫をしましょう。

Point　読みたくなるおたよりを

　字でいっぱい、事務連絡ばかり、家庭へのお願いがぎっしり……。こんなおたよりや連絡帳は、保護者も読む気をなくします。思わず読みたくなる工夫が必要ですね。例えば、子どもの楽しいエピソードを書く、イラストや写真を使う、連絡事項が多くなる場合は一枚に詰め込まず、後日もう一部発行するなどが効果的です。渡すときは、「○○についての説明が載っていますので、目を通してください」などとひと言添えると「読まなくては」と思われます。保護者からの相談コーナーなどもあると、きっと興味津々で読むでしょう。

保育以外のことをたずねる保護者。やめてもらうには？

「〇〇くんって××って聞いたんだけど……」など、他の子どもの情報を知りたがる保護者がいます。「お話しできないんです」と答えても、「教えてよ～」と妙になれなれしくされてしまいます。

🐻 話が長くて切り上げられません

子どもとは関係ない、プライベートな話まで長々としゃべるお母さん。切り上げるタイミングがわかりません。

🐻 プライベートに踏み込んできます

「先生は彼氏いるの？」「どこに住んでいるの？」など、プライベートまでいろいろ聞いてくる保護者がいて、困っています。

🐻 他の子どもの文句を言います

「このあいだ一緒に動物園に行ったんだけど、△△くんが……」と、他の子どもの文句を言ってくる保護者がいます。

先輩からのアドバイス

☑ 友達感覚を見直す

長々としゃべる保護者とは、もしかしたら距離感が近くなりすぎているのかもしれません。話す内容は子どものことに限定し、それ以外の話は「すみません、保育に戻らなくてはならないので」と切り上げましょう。

☑ 聞いておくが、自分からは話さない

他の子どもの文句はとりあえず黙って聞きますが、「園でもこうで……」など返したりはしません。そういう話はあまり聞きたくないという雰囲気を出し、察してもらいます。

☑ 保育者と保護者の枠を崩さない

保護者がいろいろ話してくれるのが嬉しくて、つい「そうそう！」などと軽い受け答えをしてしまうことがあります。それが保育以外の話にそれる原因かもしれないので、保育者と保護者、という枠を崩さないように気をつけます。

☑ 軽く流す

相手も軽くたずねただけなので、真面目に受け取らず、「ご想像におまかせします〜」「秘密です」などと受け流しましょう。

Point 「個人情報保護の義務があります」と、きっぱり

他の子どもの情報に関しては、「個人情報を漏らしてはいけないという法律があるので」と、きっぱり伝えましょう。知らない保護者も多いのです。同時に、個人情報を厳格に管理しているか、自園を見直す必要もあります。子どもの情報をすぐにわかるところに貼ったり置いたりしていないか、勝手にクラスの連絡網や名簿を作成していないかチェックします。園全体で個人情報を厳しく管理しているという雰囲気を出すことで、保護者の意識も変わるでしょう。

対応が難しい要望にどう答える?

「○○園では英語を教えている。うちでもやってほしい」と保護者から要望がありました。うちはうち、よそはよそ!と思うのですが、「できません」と言っていいでしょうか。

🐻 嫌いな食べ物の除去を要望
アレルギーがあるわけではないのに、嫌いな食べ物があるから除去食を作ってほしいと、保護者から要望がありました。

🐻 保護者間でのトラブルを園に持ち込まれます
他の保護者へのクレームを「先生から○○さんに伝えてよ!」と言われ、どうしたらいいのか困ります。

🐻 着替えの回数を指定
「汚れていなくても、一日4回は着替えさせてください。帰りはこの服で帰してください」と細かい要望があります。

先輩からのアドバイス

☑ 保護者の悩みを聞き出す

なぜ除去食を要望するのか、背後の理由を聞き出します。好き嫌いで悩んでいるなら、その食材に慣れるよう園でも努力することを伝えます。

☑ さりげなく橋渡し

「私から○○さんにお伝えするのもおかしな話ですから……」とやんわり断りつつ、「○○さんはこういうつもりだったのかもしれませんね」と、お互いをつなげるような言葉をかけます。

☑ 発達についての説明を交える

理由がない着替えは子どもの着脱の意欲を育むうえで悪影響であると、発達についての説明も交えて丁寧に伝えます。そのうえで、なぜ着替えがそんなに必要だと思うのか、保護者の思いを聞き出します。

「できません」はNG ✕

なぜそのような要望が来たのか原因を考えずに、「できません」と切り捨てないでください。要望には必ず裏の理由が隠されています。

Point　要望の背後にある保護者の「不安」に目を向けて

　英語教育に関心がある保護者のようですが、「園では自分の子どもの能力を引き出してくれていないのではないか」という不安があるのでしょう。その不安を理解しつつ、園では子どもの意欲や主体性を伸ばす保育をしていること、英語はやらなくても毎日子どもはさまざまなことにチャレンジし、年齢に応じた成長があることを伝えましょう。日ごろから子どもが自分の力をフルに使って伸びようとしている姿を伝えれば、難しい要望を訴えてくる保護者の不安も軽減されるはずです。

個人面談の進め方

❶ 保護者の相談事を聞いておく

日程調整のアンケートに、相談事項の欄を。保護者の悩みや心配事がわかっていれば、面談当日に、あたふたすることがなくなります。

❷ 園から伝えたいことをまとめる

面談は、子どもの園での様子、園がどのようなねらいをもって保育をしているかを伝える場です。具体的な子どもの姿を語れるように、記録を読み直したり、写真を準備したりします。

❸ 当日は時間の目安を伝えて

「今日はお忙しい中、ありがとうございます」と感謝の気持ちを伝えると共に、「○時○分まで、お話できればと思います」と、長話にならないよう時間のめやすを伝えます。

> **ここがポイント!!**
>
> 話の順番としては、①子どもの成長の姿、②園から伝えたいこと、③保護者の相談、がよいでしょう。ただし、伝えることばかりの一方通行にならないように。

個人面談は子どもの成長と発達を保護者と共に喜び、園側の考えや保護者の思いを共有し合う場です。有意義な面談にするためには、事前の準備が必要です。日程調整は早めに行い、保護者が仕事の調整をしやすいように、1カ月前には決めましょう。

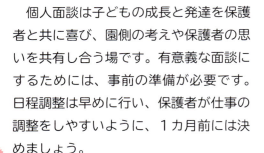

❹ フォローアップを大切に！

「この前お話のあった○○について、その後いかがですか」などと話題にし、継続して関心をもっていることを伝えます。深刻な話題が出た場合、自分だけで抱え込まず、園でサポート体制をつくり対応します。

第 7 章

職場で

日誌や記録に書くことがありません

日誌や記録、連絡帳に書く内容がマンネリ化してしまい、毎日同じような内容になってしまいます。

ある!! ある!!

🐻 ポイントがわかりません
具体的にどんなことに注意して書けばよいかわからず、課題や問題点をうまく伝えられません。

🐻 文章を書くのが苦手で……
もともと文章を書くのが下手で、苦手意識があります。書く前から気が重くなってしまいます。

🐻 上手く伝えられません
子どもの様子を表す語彙が少なくて、日案や月案の「子どもの姿」を書くのが苦手です。文例が載っている本も買ったけれど、参考になりませんでした。

先輩からのアドバイス

☑ 視点を変える

子どもの同じ姿でも、見るポイントを変えると表現に幅が出ます。例えば、毎日同じブロック遊びをしていても「自分の欲しいブロックを集めて楽しんでいる」や「重ねて崩す遊びを思いついた」など、昨日とは違う点、子どもの目線で気づいたことなどに着目します。

☑ よい文章を書き写す

保育のテキスト、過去の先輩方の記録などから、うまいな、と感じた文章を書き写しています。いざ書くときに、ぴったりの表現を探そうとすると時間がかかるので、日ごろからコツコツと書きためています。

☑ ポイントは、指針から拝借

養成校で勉強した保育指針には、子どもを見る際のポイントがぎっしりつまっています。例えば「周囲の子どもたちへの興味や関心が高まり、かかわりをもとうとする」という内容に沿って、「〇〇くんはどんな風に友達とかかわろうとしているか」という視点で見てみるなどします。

☑ 連絡帳は、成長や発達にこだわらない

できるようになったことばかり書こうとすると、確かにマンネリ化します。連絡帳は、子どもの面白さや可愛らしさを保護者と共有するものでもあるので、子どものつぶやきや微笑ましい行動もどんどん書いています。

Point　観察眼をみがく

　記録を書くのが上手な人が、文章が上手な人とは限りません。子どもを見る目が深く、幅広いのです。子どもに対する観察眼をみがくことは、そのまま記録を書く力に結びつきます。観察眼をみがくとは「考えながら見る」ということです。ただ漫然と子どもを見るのではなく、「なぜこの子は、こういう行動をしたのか」「今、この子はどんな気持ちでいるのか」と、常に考えてください。すると、子どもの気持ちや発達が見えるようになり、記録を書くことも楽しくなるでしょう。

事務仕事をする時間がとれません

午睡のときに事務仕事をしようとしても、子どもが順番に目を覚ますので、勤務時間内にまとまって時間がとれません。結局、残業になります。

🐻 記録物が多くて終わりません
午睡中に連絡帳は書けても、他の書類をまとめる時間がなく困っています。特に記録物は時間がかかるうえに量が多いので、大変です。

🐻 急な仕事が入ると、もう無理！
午後も十分に時間がとれるわけではないので、予定外の急な仕事が入ると、あせってしまいます。

🐻 慣れなくて時間がかかります
先輩保育者の記録をお手本に事務仕事をしていますが、まだ慣れていないので、先輩の倍の時間がかかってしまいます。

先輩からのアドバイス

☑ 事務仕事は子どもから離れて

午睡時は見守りに専念すべきなので、傍らで事務仕事をすることはありません。書類は事務室で書くことになっており、子どもから離れて集中できるように園全体で取り組んでいます。

☑ 「2時間ください」と具体的に伝える

急な仕事が入ったときには、対応するためにどれだけの時間が必要か自分で見通しをつけて上司やチームに伝えます。保育をしながら対応しようとすると、あせったり子どもにしわ寄せがいくので、保育から離れる時間を確保します。

☑ 自分でタイムマネジメント

先輩と同じレベルで書類を完成させようと思ったら、時間がかかるのは当然です。完璧を目指すのではなく、「○時間で書く」ことを目標に、その時間内でできるベストを目指します。その積み重ねで、結果的には仕事の効率もあがります。

「持ち帰り仕事」はNG

子どもの個人情報を含む書類を自宅に持ち帰ることは、社会通念上NGです。園の雰囲気で黙認されているなら、「ダメですよね？」とそれとなく話題にしてください。

Point 仕事の性質を見極めて

　書類仕事には、子どもの成長や発達などを記録し、保育の質をあげるためのものと、形式を整えるために書くものの2つの種類があります。前者はじっくり取り組むべきですが、後者は最低限のことを記入すればよいもの。時間をかける必要はありません。今自分が取り組む仕事はどちらの性質をもつのか、判断しましょう。現在の保育の現場は書類仕事についての理解が低いのが現実です。本来ならば、勤務時間内に書類を書く時間を保障されるべきでしょう。残業になっている現実を上司に知らせるのも一案です。

保育観の違いでぎくしゃくします

保育観や保育の仕方が、保育者によってそれぞれ違います。いざこざが起きたときの対応も人によってそれぞれ。保育中に保育観の違いが出て、子どもが戸惑うのではないかと心配です。

🐻 園長・主任の保育観に現場が対応できません

園長・主任の保育観に合わせて保育をしていますが、現場の状況にそぐわず、悩んでいます。保育観自体は理解できますが、もう少し現状を見て判断してほしいです。

🐻 よい保育とは？迷走しています

先輩保育者のさまざまな保育観を見ていると、勉強になる反面、自分の中での保育観もぶれてしまうように感じます。結局、何がよい保育なのかわからなくなり混乱します。

🐻 同じ学年なのに保育方針がバラバラ

1学年に複数クラスがあると、クラス間での方針に違いがあります。食事や排泄（はいせつ）の援助方法がクラスによって異なり、連携がとりづらいです。

先輩からのアドバイス

☑ ホウレンソウで現状を伝える

園のトップは、現場の苦労を知らないことがあります。それは、トップだけの責任ではなく、ホウレンソウ（報告・連絡・相談）を怠った現場の責任でもあるので、毎日丁寧に伝える努力をしています。

☑ 正しい保育はない

保育に正解はない、とよく言われます。いろいろなやり方を見て吸収することが、新人のころは大切です。新人のときから確固たるぶれない保育観があったら、そのほうが問題だと思いますよ。

☑ 園の理念から考える

クラスごとに個性ある保育をするのか、園として一貫した保育をするのかは、園の考え次第です。一貫した保育を目指すのならば、園全体で保育を見直し、援助や声かけの方針を統一する必要があります。

☑ 先輩に思いきって相談！

何が正しいかわからずモヤモヤする際は、思いきって相談します。「残さず食べるように援助するのか、おなかいっぱいなら終わりでいいのか、どうしたらいいですか？」と素直にたずねてみましょう。

Point　それぞれの保育観を突き合わせる

　食事は残さず食べるのか、手はお膝で待つことをどれくらい強いるのか、片づけは最後まで子どもだけでさせるのか……。保育観の違いは、子どもへの対応に直結します。新人のころはクラスリーダーの保育観に合わせるのが基本ですが、先輩同士の保育観にずれがある場合は園長や主任も含めて話しましょう。それぞれの保育観のよさやゆずれない部分を明確にできるでしょう。話してみると、やり方はそれぞれでも、子どもへの想いは共通しているはずです。

子どもにきつい先輩がいます

気分によって態度が変わる先輩保育者がいて、とても困っています。子どもにきつい言い方をすることも多く、傷つかないか心配です。

🐻 頼りたいけれど はぐらかされます

相談したいことがあって先輩保育者に声をかけると、「後でまた声をかけて」と言われて毎回相談できません。対応を誤ると、子どもにかかわるので不安です。

🐻 先輩同士の仲が悪い

複数担任ですが、その中で相性の悪い先輩保育者たちがいます。ピリピリした空気の中で保育をするのは息苦しいです。

🐻 高圧的な態度に萎縮

子どもにも、他の保育者にも高圧的で怖い先輩保育者がいます。その保育者がいるだけで、保育室の雰囲気も変わってしまって、いつも萎縮しています。

先輩からのアドバイス

☑ 仲良くする必要はないと割り切る

保育者同士の相性がよいことはあまりありません。お互いに違いを認め、折り合いをつけて保育をしています。子どもが楽しく日々を過ごしているなら、保育者同士が仲良しである必要はないと思っています。

☑ さまざまな背景を考える

その保育者は、なぜ高圧的な態度をとるのか考えます。子どもや他の保育者に自分の言うことを聞いてほしいのか、ただ口調が乱暴なだけなのか、自信のなさの表れなのか……。たくさん話をしてお互いの理解を深めることで、さまざまな事情がわかるでしょう。

☑ しつこいくらいに

子どもにかかわる重大事項ならば、「後で」と言われても引き下がりません。しつこいと思われても、「先ほどのお話、今いいですか」と何度も声をかけます。

「あの先生怖いよね」はNG

やさしい保育者、威厳のある保育者、いろいろな保育者がいるからいいのです。お互いにフォローし合い、チームとしての保育を心がけます。

Point　自分のものさしを再考する

　きつい、やさしいの判断は人それぞれ。「きつい」と感じる言動も、本人は普通のつもりなのかもしれません。言葉がそっけないとか、口調が強いという程度ならその保育者の個性の範疇です。子どもが平気なら問題はないでしょう。

　一方、「その保育者がいると緊張しておもらしをする」とか、「その保育者がしゃべるだけでびくっとする」などの徴候が子どもに見られる場合は要注意です。同僚や上司に相談し、園全体で話し合いましょう。

非常勤の保育者との役割分担や指示系統がよくわかりません

非常勤の保育者に仕事を頼んでも、「それは常勤の人の仕事でしょ」と言われ協力してくれません。どうお願いしたらやってくれるのか、悩んでいます。

ある!! ある!!

🐻 気づかいの仕方がわかりません
非常勤とはいえ、自分よりも経験のある保育者。どこまで気づかえばいいかわかりません。

🐻 噂話や陰口が多い
噂話や陰口ばかり言う非常勤の保育者がいます。一人の保育者として、きちんと子どもと向き合ってほしいです。

🐻 相談なしに進めます
複数担任で、どの人の方針に従って保育をすればいいのか迷います。そのうえ、相談なしに保育をされてしまうと困ってしまいます。

先輩からのアドバイス

☑ 気づかいというより、敬意を

経験の有無にかかわらず、年長者に対する敬意を心がけています。ただ、常勤と非常勤では仕事内容が違うので、非常勤の保育者に自分の仕事のお伺いを立てたり許可を取ったりはしません。

☑ 噂話からは距離を置く

非常勤だからということではなく、どの職場にも噂話や陰口をたたく人はいます。保育中の雑談はもちろん注意をしますが、仕事を離れた場なのであれば静観します。自分は絶対に参加しない、という態度を貫きます。

☑ 誰に聞けばいいのか、わかりやすく

物の場所や消毒の仕方などは誰に聞いてもいいけれど、子どもへのかかわり方や援助の方法についてはクラス主任にたずねるように、と自分の中でわかりやすく交通整理をし、非常勤の保育者に伝えています。

「非常勤は雑用係」はNG

非常勤といっても子どもの前では一人の保育者。雑用ばかりさせられる姿を子どもが見てどう感じるか考えましょう。非常勤もチームの一員として立派な役割があるはずです。

Point　常勤・非常勤の仕事内容を可視化

現場では非常勤の保育者の割合が年々増えています。仕事内容に関しては、常勤・非常勤それぞれがどの仕事を担当するのかを整理して可視化しておくとよいでしょう。紙に書いて、いつでも見えるところに貼っておけば、互いの認識違いによる問題は減らせます。ただし、常勤が上で非常勤が下という関係ではないと理解しておきましょう。常に感謝の気持ちをもって、互いを理解し合う努力をし、チームとしての保育をつくりあげましょう。

おたよりの書き方

おたより例

氷に出会ったつくし組の子どもたち

　ある日の朝、担任が園庭に出しておいたバケツを最初に見つけたのは、Rくん。興味津々で中を覗きこみ、手を伸ばして触ったら「(ツ) メタイ……」とひと言。子どもたちが集まってきたので、みんなで触れるようにとバケツの中の氷を取り出し、園庭に置きました。「ツルツル」という子もいれば、スコップでたたいてみる子も。それぞれのやり方で、真冬の氷とかかわりました。

〈担任から〉
2月のつくし組は、ますます好奇心、探求心に溢れています。子どもたちが「なんだろう」「不思議だな」と思える経験をこれからもたくさん提供していきたいと思っています

構成例

クラスだより
- 今月の子どもたち（写真やイラスト）
- 次月のスケジュール
- 園から家庭へ
- 次月の保育のねらいや活動予定
- ご家庭から／保育者からの応答

● 目を引くタイトル
「2月の子どもの姿」よりも「氷との出会い」などのタイトルのほうが、読み手の目を引きつけます。

● 発達や成長を比較する内容はＮＧ
「つくし組ではほとんどの子がおむつが外れました」などの、発達や成長を他の子どもと比較する内容は避けます。

● 子どもの姿を具体的に書く
園での子どもの姿が具体的にイメージできるような記述を心がけます。ただ実名を出してしまうと「うちの子のことは書いていない」などと不満が出るので、イニシャルにするか、一切名前は出さないようにしましょう。

● 保育で大切にしていることを伝える
今の時期に大切にしたいこと、援助の方法や理由などを書くと、保護者も理解し協力するようになるでしょう。

● 保護者が読みたくなるレイアウトに
文字ばかりの紙面にならないよう、写真やイラストも効果的に使います。

個別の指導計画の書き方

文例

	N奈ちゃん（1歳5か月）
前月末の姿	・玩具を独り占めし、他児が持っているものも取ろうとする。自分のものが脅かされると奇声をあげたり押し倒したりして防御する。
○月のねらい	・安心感をもってひとり遊びをする（情緒の安定） ・保育者を仲立ちとし、簡単な言葉を介して友達とかかわる（言葉・人間関係）
○月の内容	・保育者が仲立ちし、簡単なお店屋さんごっこなどで言葉のやりとりをする。 ・袋やかごなどを使い、店の商品や食材の玩具を楽しく持ち歩く。
保育者の援助	・他児に邪魔をされずに「自分のもの」を持ち歩くことができるように、N奈専用の袋やかごを準備する。 ・お店屋さんごっこを通じて「ください」「どうぞ」「だめです」などのやりとりになじみ、押し倒したり奇声をあげずに言葉で思いを伝える力を育む。 ・安心感をもって園生活を過ごせるように、午睡時や登園時などは意識的にN奈と一対一でかかわるようにする。

● **日ごろの子どもの姿を観察**

前月末の姿は、日ごろの子どもの姿を丁寧に観察する中で浮かんだ、この子にとっての課題や成長を中心に書きます。

● **保育者の願いを、ねらいに込める**

ねらいには、この先この子の中に育つもの・育てたいものを書きます。

● **保育指針に沿って**

新保育指針では、1歳以上3歳未満児の5領域の学びについて、別立てでまとめられています。保育のねらいや内容を個別計画に書き込む際の参考になります。また、養護についての内容は第1章総則に移動され、その重要性が改めて確認されています。養護の側面も必ず個別計画に書き込みましょう。

上司・先輩とのコミュニケーションのコツ

「ちょっと聞きたいことがあるのですが」

新人のうちは、なんでも質問する癖を。一度教わったことはメモし、何度も同じことを聞かないで済むようにします。

「私にやらせてください！」

やったことのない仕事には、積極的にチャレンジ。先輩は新人に過度な負担をかけないようセーブしています。自ら意欲を見せることで、先輩も教えやすいし、やる気もアピールできます。

「先ほどは、ありがとうございました！」

先輩に手伝ってもらったら、お礼は惜しみなく言いましょう。こんな後輩には、先輩も進んで助けてあげたいと思うでしょう。

> **ここがポイント!!**
>
> お礼は最低3回。教えてもらったら1回。その日の退勤時に、「今日はありがとうございました」。そして、次の日もう一度「昨日はありがとうございました！」

「こんなことを聞いたらダメな人って思われないかな」「今忙しそうだな……」と気ばかりつかっていると、必要なコミュニケーションがとれなくなります。とにかく「自分から」話しかけましょう。「大丈夫？」「困ってない？」と聞いてもらうのを待つのはNGです。

放任主義の上司には
アイデアを聞いてもらうところから

「好きにやっていいよ」と言われてうれしい反面、どうしたらいいのか戸惑うことも。そんなときは、「こんな風に考えてみました」と、アイデアを出してください。「言われたことしかできない保育者になってほしくない」という上司の思いからの「好きにやっていいよ」ですから、アイデアを出すことは歓迎されるはずです。

第 **8** 章

健康・安全

感染症を食い止めることができませんでした

子どもが突然、吐きました。園のマニュアル通りに対応しましたが、その後、クラスの半分の子どもが胃腸炎に感染してしまいました。他の園では、どのような対応をしていますか？

🐻 感染症対策の訓練はしていますが

子どもが吐いたときの対応方法は講習で習いましたが、他の保育者がいなかったときなど、一人で対応できるか心配です。

🐻 おもちゃの消毒はどうすれば？

感染症がはやる時期、おもちゃの消毒はどこまですればいいか悩みます。

🐻 保育者が感染します

感染症がはやり、保育者がうつってしまうと、人手が足りなくなります。

先輩からのアドバイス

☑ すぐに子どもを別室へ

嘔吐があったら、患児と処理する保育者一人を残して、他の子どもや保育者は別室に移ります。処理する保育者は一人に限定する、保育者はビニール手袋、ビニールコート、ビニールキャップにマスクを着用して汚物の処理をする、汚れた服は洗わずビニールに密閉する、処理に使った布等は二重のビニール袋に密封、廃棄する、カーペットなどに染み込んだ場合はスチームアイロンで熱処理をするなど、確実に対処します。

☑ 消毒の頻度をあげる

感染症の時期は、通常は1日1回のおもちゃの消毒を、3回、4回に増やします。子どもの手に触れたおもちゃは別の子がそのまま遊ばないよう、常に気を配ります。

☑ 空気感染以外は防いでこそプロ

空気感染するもの以外は、基本的には予防可能です。こまめで正しい手洗いうがい、規則正しい生活と食事を心がけ、自分が感染しないようにすると同時に、保育室内の正しい消毒、温湿度の管理に注意を払い集団感染を防ぎます。

Point　マニュアルを見直す

　マニュアル通りに対処したのに感染が広がったなら、そのマニュアルが役に立たなかったわけです。感染症対策は毎年のように新しい情報が出され、マニュアルもアップデートしなければなりません。厚生労働省のホームページ、新聞記事、保育研修などで常に最新の情報を求め、適切な対処がとれるよう備えましょう。最近は、動画で嘔吐時の消毒の方法なども学べます。一人で対応できるよう、シミュレーションを兼ねて活用してみましょう。

災害時の備蓄品、持ち出し品、これで大丈夫？

地震や台風などで避難所生活になったり、園から出られなくなったときの備蓄品。緊急避難のときの持ち出し品。1歳児クラスでは何をどう準備しておけばいいでしょうか。

ある!! ある!!

🐻 大量の備蓄品、何日分？
100人以上の園児がいます。全員のための備蓄品というと大量ですが、どれくらい用意しておいたらいいでしょうか。

🐻 避難生活が長引いたら
避難生活が長引いたときに、どんなものがあると安心ですか？

🐻 持ち出せるものは限られているのでは？
いざというとき、まだ歩けない子どもたちを抱っこしたりおんぶしたりすると、持ち出せるものは限られてきそうです。

先輩からのアドバイス

☑ 3日分がめやす

私の自治体では、園児と職員3日分の水や食料を準備することになっています。大量なので、数年前に備蓄倉庫を建ててもらいました。

☑ 防災ベストが◎

1歳児クラスはまだおんぶで避難する子どももいるので、リュックサックだと持ち運びにくいと思い、防災ベストを購入しました。

☑ 保育に役立つものを

避難生活では季節や地域によって何が必要になるか異なりますが、保育者として避難所の子どもたちと接することを考えると、個人的には、白い紙とカラーペン、はさみとテープを用意したいです。これさえあれば子どもが遊べるおもちゃを作れます。

「国のマニュアル通り」はNG×

自園の立地条件によって、想定される災害は異なります。マニュアル通りにそろえて安心ではなく、自園では何が必要かも考えてリストをつくりましょう。

Point　マニュアルに従いつつ、自園に必要なものを見極めて

　持ち出し品は一次避難（災害や建物の倒壊から逃れること）用で、備蓄品は二次避難（避難所などでの生活）を想定したものです。156ページに詳細を載せました。備蓄品では、飲料水は2ℓのペットボトルを人数×2本、非常食は年齢に合わせた保存がきくものを3日分。子どもの着替えや下着を人数分1セットずつ、おむつや簡易トイレは3日分をめやすにストック。ペーパー類の消耗品や救急医薬品も必須です。自治体のマニュアルに従いつつ、自園に必要なものをそろえておきましょう。

1歳児クラスの災害対策

● 備蓄品

- ☐ 水
- ☐ 非常食（アレルギー対応のものを含む）
- ☐ 幼児用おやつ（アレルギー対応のものを含む）
- ☐ スプーン
- ☐ マグ・コップ・皿などの食器
- ☐ おしりふき
- ☐ 紙おむつ
- ☐ 簡易トイレ
- ☐ 着替え（下着も含む）
- ☐ 防寒着
- ☐ タオル、ガーゼ
- ☐ おもちゃ、絵本
- ☐ 毛布
- ☐ ペーパー類、ビニール袋、ラップなどの消耗品

※それぞれ、2～3日分をめやすに準備する。

● 持ち出し品

- ☐ 非常用飲料水
- ☐ 笛
- ☐ ミニライト
- ☐ 携帯トイレ
- ☐ 軍手
- ☐ ウェットティッシュ、ティッシュ
- ☐ タオル、バンダナ
- ☐ 園の連絡先カード
- ☐ 非常食（乾パン、氷砂糖など）
- ☐ 紙おむつ（濡れないよう圧縮袋等に入れて密封）、
- ☐ 大型のポリ袋（防寒や雨除け、担架の代用としても使えます）・ビニール袋
- ☐ アーミーナイフ
- ☐ 防災用ブランケット
- ☐ クラス名簿と緊急連絡先
- ☐ 携帯電話
- ☐ 携帯ラジオ
- ☐ 応急手当用品

　1歳児クラスに特に必要な備蓄品、持ち出し品です。持ち出し品は保育者の人数分を、職員室ではなく保育室に常備しておきます。防災ベストやリュックサックに一式を備えておきましょう。寒い時期は上着が必要ですが、子ども一人ひとりに上着を着せる時間の余裕がなければ、保育者がまとめて持ち出し、避難先で着せます。園の玄関が狭く、全員が一斉に靴を履きにくい場合は、部屋の中で履かせます。

　現在、ヘルメットを導入する園が増えました。乳幼児用のヘルメットもありますから、可能な限りそろえておきたいものです。

※参照『地震なんかに負けない！幼稚園・保育園・家庭防災ハンドブック』（社）土木学会編、学習研究社、2006年
国崎信江『実践！園防災まるわかりBOOK』メイト、2014年

1歳児クラスの災害、そのとき

地域によって想定される災害はさまざまです。地震や火災はもとより、水害、土砂崩れなどの状況ごとに、また、あらゆる場面を想定して避難訓練をしておきましょう。

避難が難しい1歳児クラス

災害時、1歳児クラスは避難の時間が最もかかります。おんぶや抱っこで即座に動ける0歳児クラス、指示が理解できて、歩ける2歳児以上クラスに比べて、1歳児クラスは避難に時間がかかるのです。想定したうえで準備を進めましょう。

地震！室内での対処は

ガラスや棚からの落下物から身を守るために、部屋の中央に子どもたちを集めます。マットなどで屋根をつくり、その下に隠れると、蛍光灯や天井からの落下物を防げます。大きい声は出さず、通常の雰囲気のまま、子どもに不安を与えないように歌などをうたいましょう。

地震！火災！園外への避難は

歩行が安定していない低月齢の子どもや、不安が強い子どもは、おぶって避難します。その他の子どもは保育者が靴を履かせ、防災頭巾やヘルメットをかぶせ、手を引いて避難します。「早く、早く」と急かさず、一歩一歩落ち着いて移動ができるように声をかけます。

いざというときは、いのちを守ることだけを考えて

防災頭巾、避難時の持ち出し品、抱っこひもやおんぶひもは、もちろんあったほうがよいに決まっていますが、部屋がすでに煙に巻かれていたり、津波が迫っていたりと一刻を争う場合は、いのちを守ることが最優先です。物を持ち出すことにとらわれて避難が遅れることがないようにしましょう。

第8章 健康・安全

1歳児クラスを担当してよかった！

あんなこと こんなこと

大変なこともあるけれど、ステキなことがいっぱい！
先輩たちが１歳児保育の魅力を語ってくれました。

園でのお母さんのような存在になれること。子どもが心を許したり、甘えたりしてくれると、あったかい気持ちになります。

靴下に足を入れられるようになった、「〇〇せんせい」と呼べるようになった、と小さなことですが、一緒に過ごす保育者ならではの気づきや喜びを毎日感じます。

「せんせい」と呼ばれたり、ニコニコ笑顔で抱きついてくれたり、子どものほうからスキンシップをとりに来てくれることがとても嬉しいです！

毎日毎日が子どもの成長の発見でいっぱいです！　０・１・２歳児保育は特にそんなステキな発見がたくさんできる年齢だと感じます。

保護者の方からの感謝の気持ちや言葉をいただけたり、「お家で先生大好きだよね！と話しています」って聞いたときには、やってきてよかったと思えます！

今まで当たり前だと思っていたり、なんとなく……と思っていたことがその子にとっての成長につながっていて、それを他の職員と喜び合ったり共有したりできることが嬉しいです。

子どもたちに「ママ」とついまちがえて呼ばれることがあるのですが、それぐらい安心できる存在になっているのかな？と思うと、とても嬉しいです。

どんなに大変でも、「初めて何かができた」とき、笑顔で「せんせいー」と来てくれたとき、"この子たちの先生をやらせてもらえてよかった"と感じます。

保護者の方に頼っていただいたときやあたたかい言葉をかけていただいたとき、もっと励もうと思うことができます。

この時期の子どもたちは成長が著しく、あっという間に大きくなるので、その成長を見守ることに喜びを感じます。

子どもたちの成長を間近で見られて、かかわれることがやりがいであり、喜ばしいことです。

朝泣いてお母さんに抱っこされてきた子どもが、自分から走って抱きつきにきてくれるところ。「せんせい」って初めて呼んでくれたこと。苦手なものが食べられたこと、自分でズボンを脱げたこと等、喜びを共有できること。書ききれません！

●監修者●
横山洋子（よこやま・ようこ）
千葉経済大学短期大学部こども学科教授
富山大学大学院教育学研究科・学校教育専攻修了。国立大学附属幼稚園の教諭、公立小学校の教諭を経て、2003年より現職。日本保育学会会員。著書に『根拠がわかる！ 私の保育 総点検』（中央法規出版）、『月齢別赤ちゃんのよろこぶあそび110』（チャイルド本社）、『0・1・2歳児のたのしい手作りおもちゃ』（共著、チャイルド本社）、『記入に役立つ！ 1歳児の指導計画』（編著、ナツメ社）などがある。

●著者●
波多野名奈（はたの・なな）
千葉経済大学短期大学部こども学科准教授
東京大学大学院教育学研究科博士課程単位取得退学。教育学修士・保育士。都内乳幼児保育施設にて勤務の後、2014年より現職。著書に、『コンパス乳児保育』（共著、建帛社）、『0～6歳児 よくわかる子どもの発達と保育の本』（共著、池田書店）などがある。

●協力●
高階保育園（埼玉県）、ふたば保育園（千葉県）、猫実保育園（千葉県）、南船橋保育園（千葉県）、姉崎認定こども園（千葉県）、安乎保育所（兵庫県）
秋本志保美、一ノ瀬真未、石﨑菜緒、石山浩生、伊藤ほのか、井上菜々子、岸野愛梨、鈴木美桜、須藤理紗子、竹村美優、牧野早希子

先輩に学ぶ　乳児保育の困りごと解決BOOK　1歳児クラス編

2019年4月20日　発行

監　修	横山　洋子	
著　者	波多野名奈	
発行者	荘村　明彦	
発行所	中央法規出版株式会社	
	〒110-0016　東京都台東区台東3-29-1　中央法規ビル	
	営　業　Tel 03(3834)5817　Fax 03(3837)8037	
	書店窓口　Tel 03(3834)5815　Fax 03(3837)8035	
	編　集　Tel 03(3834)5812　Fax 03(3837)8032	
	https://www.chuohoki.co.jp/	
企画・編集	株式会社エディポック	
印刷・製本	株式会社ルナテック	
デザイン	松崎知子	
イラスト	すみもと ななみ　ささき ともえ	

定価はカバーに表示してあります。
ISBN978-4-8058-5859-2

本文のコピー、スキャン、デジタル化等の無断複製は、著作権法上での例外を除き禁じられています。また、本書を代行業者等の第三者に依頼してコピー、スキャン、デジタル化することは、たとえ個人や家庭内での利用であっても著作権法違反です。

落丁本・乱丁本はお取替えいたします。